明智光秀像（本徳寺蔵）

平凡社新書
923

信長家臣明智光秀

金子拓
KANEKO HIRAKU

HEIBONSHA

信長家臣明智光秀●目次

「犯罪は――激情の引き起こす暴力的な犯罪とは――人生という舞台におけるクライマックスシーンです。中でも殺人は特別な、激情のクライマックスだ」

（エラリー・クイーン『Xの悲劇』創元推理文庫、中村有希訳）

はじめに

明智光秀の人物像を考える

本書は、天正《てんしょう》十年（一五八二）六月二日に、主君の織田信長《おだのぶなが》を討ったことで知られる明智光秀《あけちみつひで》について、できるかぎり良質な史料をもとに、彼の足どりを追いかけ、人物像を考えてみようとするものである。

信長が光秀に討たれた事件、いわゆる「本能寺《ほんのうじ》の変」と呼ばれる事件は、その直後に光秀が羽柴秀吉《はしばひでよし》との戦い（山崎《やまざき》の戦い）に敗れ、敗走途中に落命したことにより、なぜ光秀が主君信長を討ったのか、真相がわからなくなってしまった。

信長は現代日本において、人気が高い歴史上の人物の一人である。その彼は家臣の謀叛《むほん》によって殺害されてしまった。しかもその動機がわからない。〝日本史上最大の謎〟とも称すべきこの事件は、こうした状況なので、のちの世の中においてさまざまな俗説にまみれるとともに、そのなかから真相を探り出そうとする謎解きも活発になされた。

しかし、いまだに万人を納得させるような動機が明らかにされたとは言いがたい。だからこそこの事件は、歴史が好きであろうとなかろうと知らない人はいないだろうし、関心が高く、謎解きの衝動を起こさせるにじゅうぶんな事件になっていると思われる。

本書でも当然この事件について考えるつもりであるが、それが本書の最終目的というわけではない。ただ、さまざまな史料をもとに光秀の人物像を考えてゆくなかで、最終的に「なぜ光秀は主君信長を討ったのか」という疑問の解決に少しでも近づくことができればとは考えている。

書名からもわかるように、本書は織田信長の家臣としての光秀の事跡をたどろうとするものである。よく知られるとおり、光秀の前半生には謎が多く、出自や信長に仕《つか》えるまでの経歴がわかるような良質な史料はほとんど残っていない。後年語られたことや、噂話、系図や軍記の記載にそれらがうかがえる程度である。

それらの痕跡から光秀の前半生に迫るこころみは当然なされてよい。しかし本書ではそこには踏みこまないことにする。わずかに残る痕跡から前半生を復元することを学問的に追究する余地はほとんど残されていないだろうと考えることと、良質な史料が残る、信長家臣としての光秀の足どりをきちんとたどるなかでこそ、「本能寺の変」の謎に迫ることが可能だろうと考えるからだ。

もちろん信長に仕える以前のことにまったく触れないわけではないが、右のような事情により、もっぱら信長家臣としての光秀について考えたい。

光秀を語る史料

唐突だが、歴史を語ること、過去の時間のなかで生きた人びとについて考えることは、歴史を語る史料、その人物をうかがうことのできる史料について考えることでもある。それら史料とは何か、それらはいつ、どんなきっかけで、どのようにして書かれ、どのように現在まで伝わってきたのか、という意味である。もちろんこれは一人わたしだけでなく、歴史を研究する人びと皆がおなじように心にとめていることだろう。

だから、本書において明智光秀を考えることは、光秀を語る史料について考えることでもある。その意味で、以下本書で多く取りあげることになるであろう史料のひとつについて、あらかじめここで解説しておきたい。それは、光秀とも縁が深く、彼の息女（玉《たま》・ガラシャ）が嫁入りした細川家にて作成された記録である。

細川家に残る記録といえば、江戸時代後期の十八世紀後半に同家（熊本藩）において編纂された家史『綿考輯録《めんこうしゅうろく》』があげられる。活字刊本があるので、比較的簡単に読むことができる。東京大学史料編纂所では、この謄写本（見取り写しの写本）を『細川家記《ほそかわけき》』の名称で架蔵しており、高柳光壽《みつとし》の先駆的な伝記（『明智光秀』）では、たびたびこの史料が典拠として掲げられている。

実は細川家には、『綿考輯録』に先行する史書があった。分家において編まれた『自家《じけ》便覧』『藤孝《ふじたか》公譜』『忠興《ただおき》公譜』などである。かつてガラシャの死をめぐる史料について考えたときにも述べたことだが（拙著『記憶の歴史学』）、あらためてここでも触れておきたい。

これらは熊本藩の支藩宇土《うと》藩の初代藩主細川行孝《ゆきたか》（一六三七―九〇、忠興四男立孝《たつたか》の嫡子）の命により、少なくとも彼の生前、十七世紀末頃には成立したとみられ、現在残るのは、同藩において明和《めいわ》三年（一七六六）に作成された写本である。熊本県立美術館が所蔵している。以下宇土藩で編まれた史書を総称して「宇土家譜」と呼ぶ。

古書籍商反町茂雄《そりまちしげお》の旧蔵史料中に、この稿本と考えられるものがあった。『細川家自家便覧稿本』である（『弘文荘敬愛書図録』、以下これらを稿本と呼ぶ）。添えられている目録には天和《てんな》三年（一六八三）十二月二十七日の日付があるから、稿本はそれ以前に成立していた。宇土家譜（の原本）はこの稿本を浄書したものと考えられる。

さて、『綿考輯録』を宇土家譜と比較すると、その体裁（参考史料の引用の仕方など）は宇土家譜をほぼ踏襲したものであり、内容的には、宇土家譜の記事が本文としてそのまま採用されているばあいもあれば、「一書」のように参考史料のひとつとして格下げされていたり、採用されていない記事も散見される。当然その後の熊本藩の編纂事業のなかで得られた、宇土家譜には見られない史料が加わっているばあいもある。

光秀を語るうえでこの『綿考輯録』は、縁の深い細川家において編まれた史料ということもあって、比較的信頼性の高いものとして利用されることが多かったように思う。もちろんいっぽうでは、十八世紀後半に成立した編纂物だから、それをそのまま史実として受け入れることはできないという立場もあるし、記事内容ごとに、他の史料と比較検討した結果、採用するにあたらないと判断されることもあった。

では稿本や宇土家譜の出現は何を意味するのか。『綿考輯録』に収められた光秀の記事が、先行する稿本や宇土家譜にも見られるのであれば、その記事の成立は約一〇〇年さかのぼるということである。しかも丹念にくらべると、稿本や宇土家譜には、『綿考輯録』に採用されなかった、すなわちこれまであまり知られることのなかった光秀に関わる興味深い記事がいくつかある。

もとより記事の成立が一〇〇年さかのぼったとしても、信長殺害からは約一〇〇年隔たっているから、後世に成立した編纂物という扱いにたいして変わりはない。冒頭に触れた「良質な史料」かと問われれば、かならずしもそういうものではない。「末書」「俗書」「悪書」のように呼ばれる『明智軍記』（元禄十五年〔一七〇二〕頃成立）とさしてちがいはないと言われれば、そのとおりである。

また、稿本・宇土家譜には書かれているものの、のち『綿考輯録』では採用されなかった記事については、そうなるだけの理由（たとえば信憑性が低いなど）があったから、切り捨てられたのかもしれない。

ただ、これまで『明智軍記』や、『綿考輯録』を含めその後成立した史料によって語られ、それゆえにあまり鵜呑《うの》みにはできないとされてきた挿話が、十七世紀後半に宇土細川家において成立した史書のなかにすでに見えると指摘することで、その挿話をもとに語られてきた光秀の人物像や、彼に関わるできごとに対する見方は変わるかもしれない。

切り捨てられた記事を紹介することもまた、さまざまな俗説にまみれた光秀という人物を考えるうえで、ひとつあらたな切り口を紹介することにもなるだろうから、それなりの意義もあるだろう。

そういうわけで、以下宇土家譜を用いて述べる箇所がいくつか出てくることになるが、史料的性格はこのようなものだということを思い起こしていただきたい。

なお、稿本・宇土家譜の画像は現在、史料編纂所図書閲覧室に設置されている端末から、Hi-CAT Plusというデータベースをとおして閲覧することができるので、興味をおもちの向きはご活用いただきたい。

本書の構成

本書は光秀の事跡をたどるということで、基本的に時間を追って彼の足どりを史料によってたしかめるものである。

信長が足利義昭《あしかがよしあき》に望まれ、ふたりが上洛に成功し義昭が征夷大将軍になって以降、光秀が両者に仕えていたとされる時期（天正元年頃まで）、義昭が京都を退去してから、信長が室町将軍に代わる〝天下人《てんかびと》〟として畿内《きない》近国の秩序維持を目指し、ほぼそれが一段落するまでの時期（天正三年頃まで）、光秀が丹波国《たんばのくに》攻略をおこない、あわせて畿内の行政や軍事の中核を担っていた時期（天正七年頃まで）、主君信長を討つまで（天正八年から十年）、光秀が信長家臣であった時期を以上の四つに区切って、それぞれをひとつの章とし、その段階ごとに述べる。

しかし、ただ淡々と彼の事跡を叙述するのではなく、各章ごとに、自分自身がこれまで信長や光秀について史料を読んできたなかで疑問に思ったことを追究するというかたちにする。

第一期は「信長と義昭への〝両属《りょうぞく》状態〟とはどんなあり方だったのか」、第二期は「なぜ光秀は信長に重用されるようになったのか」、第三期は「なぜ光秀が丹波を担当することになったのか。それはどのように展開したのか」、第四期は「なぜ光秀は主君を討ったのか」である。

各章をわたし自身の疑問を追究するかたちで進めたとしても、光秀の活動について時間を追ってたどるという叙述方法は、ともすれば平板に陥りやすい。第二期と第三期のあいだに、ひとつの史料、ひとつの視点から光秀の人物像に迫るこころみを二章分挟みたい。

ひとつは、光秀と懇意にしていた公家吉田兼見《かねみ》の日記『兼見卿記』から、光秀と兼見の交友を詳しく見てゆく。「本能寺の変」のあと、勅使《ちよくし》に抜擢され光秀のもとに出向いたのが兼見であった。その意味で兼見の記した日記は、変後の光秀の行動をうかがう重要史料となっている。いまひとつは、光秀が出した書状を読むことから、彼の人柄に迫ってみたい。これらふたつのこころみをとおして、本書で述べる光秀像は多少なりとも立体的になるのではないかと思っている。

光秀は天正三年七月に信長から「惟任《これとう》」の名字と日向守《ひゆうがのかみ》の官途名乗《かんとなの》りをあたえられ、明智十兵衛から惟任（維任とも書く）日向守に名乗りを変えた。しかし本書の以下の叙述では、混乱を避けるために、叙述上必要な箇所以外は「明智光秀」の名を用いることにする。

本書の執筆にあたり参照した研究文献は、叙述のなかで掲出し、書誌情報は一括して巻末にまとめた。先学が編まれた文書集も活用させていただいた。このうち、奥野高広編『増訂織田信長文書の研究』、藤田達生《たつお》・福島克彦編『明智光秀 史料で読む戦国史』、名古屋市博物館編『豊臣秀吉文書集』所収文書への言及については、書名をそれぞれ信・光・秀と略し、『増訂織田信長文書の研究』であれば、信○号、のように文書番号にて示した。文書番号に加え、とくに典拠史料名を明示したばあいもある。

光秀の活動を追いかけるためにおもに参考としたのは、先行する諸研究である。以下おもなものをあげれば、高柳光壽『明智光秀』、桑田忠親《ただちか》『明智光秀』、小和田哲男『明智光秀と本能寺の変』、谷口研語『明智光秀 浪人出身の外様大名の実像』、柴裕之『図説 明智光秀』などの評伝的研究、および前掲『明智光秀 史料で読む戦国史』所収の諸論文、谷口克広『織田信長家臣人名辞典 第2版』の明智光秀項、早島大祐《だいすけ》「明智光秀の居所と行動」(藤井譲治《じようじ》編『織豊期主要人物居所集成』)にまとめられた経歴・事跡、また一般向けに編集された歴史読本編集部編『ここまでわかった! 明智光秀の謎』、同編『ここまでわかった! 本能寺の変』、洋泉社編集部編『ここまでわかった 本能寺の変と明智光秀』などである。

煩雑になるため、とくに本文中において言及していない箇所もあるが、ただお名前だけをあげて学説を紹介し、典拠を示していないときは、右に掲げた文献が典拠である。全体として、これらの仕事に大きく依拠したことは特記して感謝を申し上げたい。

引用する史料は原則的に読み下し、もしくは現代語訳で表記した。もともとが漢字かな交じりの史料についても、一部を残し、読みやすいように適宜漢字をかなに、あるいは逆にかなを漢字にしたほか、現代かなづかいになおしている。本文のなかで言及する研究者個人の名前には、失礼ながら敬称を付さないことをあらかじめおことわりしておきたい。

第一章

織田信長と足利義昭のはざまで

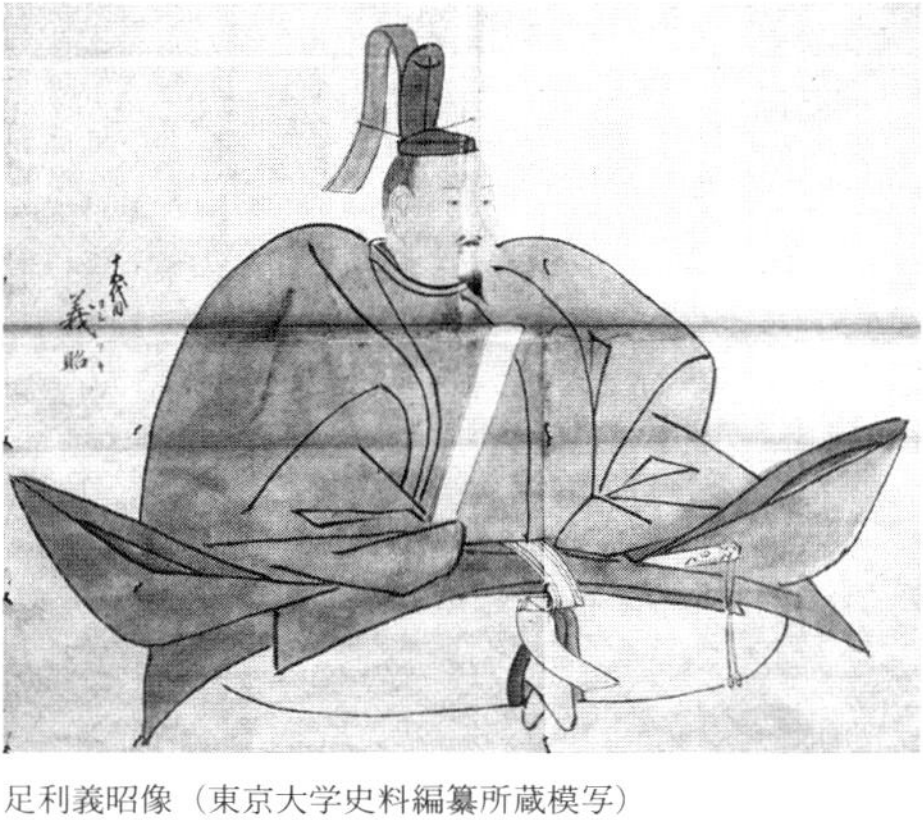

足利義昭像（東京大学史料編纂所蔵模写）

ふたりの主君に仕える

永禄《えいろく》八年（一五六五）に室町将軍足利義輝《よしてる》が三好《みよし》氏らの軍勢に襲われ、殺害されたのち、奈良興福寺の一乗院《いちじょういん》門跡に入室していた同母弟の覚慶《かくけい》は、幽閉状態を脱し、還俗《げんぞく》して義秋、のち元服して義昭と名乗り、近江《おうみ》・若狭《わかさ》・越前《えちぜん》などを転々としながら、諸国の大名たちに上洛と将軍就任のための協力を呼びかけた。

彼の呼びかけは、美濃《みの》の織田信長が応じたことにより実現する。信長の助力によって上洛が叶い、義昭は永禄十一年十月に六条本圀寺《ほんこくじ》に御座を構え、念願の征夷大将軍に任ぜられた。

それ以後、信長への敵対のすえ義昭が京都を離れることを余儀なくされた元亀《げんき》四年（一五七三）七月までの足かけ六ヶ年のあいだ、政治史的には義昭と信長の〝二重政権（権力）〟のように言われ、ふたりの動向を軸にその流れがとらえられている。

この本で取りあげることになる明智光秀はこの時期、義昭の家臣でもあり、信長の家臣でもあったとされている。こうした両属状態は、具体的にどのようなあり方なのだろうか。ふたりに仕える光秀がどのような働きをしていたのか、それがわかる史料を追いかけながら考えてみたい。

同時にふたりの主君に仕える。中世という時代においてはさほどめずらしいことではないとも言える。光秀に関する先駆的な伝記を書いた高柳光壽も、次のように説明する。

しかしそれは近世社会の機構で見るからで、中世にあっては少しも不思議ではない。貴族や社寺の被官《ひかん》である荘官が、同時に武家の家人であったというのはいくらでもある。いやそれが普通であった。

高柳は右のように説明するものの、光秀のばあい、多少様子がちがうとつづけている。

けれども戦国時代になると違ってくる。（中略）家臣はただ一人の主人に仕える。それなのに光秀は信長からも義昭からも所領を与えられ、信長も義昭もそれを公認しているのである。これはこのころとしては特種なケースであるといってよいであろう（以上、引用は『明智光秀』）。

光秀のばあい、こうした「特種なケース」であるところに、高柳は「光秀の微妙な人間価値」があるのではないかと言う。高柳がするどく感じ取った光秀の「微妙な人間価値」

なるものは、この時期の彼の活動をとおしてたしかめることができるのだろうか。

義昭と信長に仕えるきっかけ

「本能寺の変」後、備中《びっちゅう》高松城をはさんで毛利《もうり》氏と対陣していた羽柴秀吉が、軍勢を率いて急遽畿内に駆け戻ってきたため、光秀はこれを迎え撃って戦い、あえなく敗れたのが山崎の戦いである。信長を討った十一日後の六月十三日のことであった。

光秀討死《うちじに》の知らせを耳にした興福寺の僧多聞院英俊《たもんいんえいしゅん》は、その日記に次のように書いている。

細川の兵部太夫《ひょうぶたいふ》が中間《ちゅうげん》にてありしを引き立て、中国の名誉に信長厚恩にてこれを召し遣わる。大恩を忘れ曲事《くせごと》を致す。天命かくのごとし。

（『多聞院日記』天正十年六月十七日条）

英俊によれば、光秀はもともと細川（当時は長岡を名乗っていたが、以下も細川で統一する）藤孝（彼の官途名は兵部大輔《ひょうぶたいふ》）の「中間」、すなわち家臣であったというのである。これに類する話は、信長やそれにつづく秀吉の時代に日本に滞在し、キリスト教の布教に携わったイエズス会宣教師ルイス・フロイスも、その著書『日本史』に書きとめている。そこでは、「信長の治世の初期には、公方様の邸の一貴人兵部太輔と称する人物に奉仕していたのであるが、その才略、深慮、狡猾《こうかつ》さにより、信長の寵愛を受けることとなり、主君とその恩恵を利することをわきまえていた」とする（『日本史』第五六章）。公方様（義昭）に仕える兵部太輔だから、やはり藤孝を指すと思われる。

同時代にまことしやかに流れていた右のような細川藤孝家臣説について、信長の家臣団について詳細な研究を進めている和田裕弘《やすひろ》は、この記事をもとに藤孝にいったん仕えたとしている（『織田信長の家臣団』）。

黒嶋敏《さとる》が、永禄十年頃に成立したと論証した『光源院殿御代当参衆 幷 足軽以下衆覚《こうげんいんでんみよとうさんしゅうならびに》』（『永禄六年諸役人附』、『群書類従』雑部・巻五一一所収）後半部分の、将軍に仕える「足軽衆」のなかに「明智」が見える。早島大祐はこれを光秀ではないかとし、いっぽうで「御《お》供衆《ともしゅう》」のなかに見える藤孝とくらべれば、ふたりには家格上大きな開きがあることから、これが右のような表現につながっているのではないかと推測した。

細川家の史書『綿考輯録』（詳しくは「はじめに」参照）のある箇所でも、「光秀は初め浪牢して長岡藤孝のもとに居たりしが、出奔して織田信長に仕え、明智十兵衛と号すと有」という「一書」の説を引きながら、「評に及ばず」と切り捨てている（『綿考輯録』巻三）。

たしかにこのほか光秀が藤孝に仕えていたことを示すような史料はないから、早島が推測した以上のことは言えそうにない。

それでは当の細川家では、光秀との所縁について、どのように説明しているのだろうか。『綿考輯録』巻一では、義昭が信長に上洛の協力を依頼するために美濃に遣《つか》わした使者の一人が藤孝であり、このとき光秀を介して信長に拝謁したとして、光秀が果たした役割や藤孝と知り合ったきっかけについて解説を加えている。

それによれば、光秀は清和《せいわ》源氏土岐頼兼《ときよりかね》の末裔であり、明智家は美濃に住していたが、父が明智城にて討死してから身を隠し、のち朝倉義景《あさくらよしかげ》に五〇〇貫で召し抱えられたという。藤孝が義昭に従い越前に逗留《とうりゅう》していたときに光秀と親交を深め、そのなかで義昭は信長を頼ったほうがいいという話になった。ちょうど光秀は、信長から家中に来ることを頻《しき》りに誘われていたところだったという。

いっぽう朝倉家中にて光秀と仲が悪かった者が義景に讒言《ざんげん》をおこない、光秀を疎《うと》んじはじめた義景は、彼に暇《いとま》をあたえた。このため光秀は岐阜に赴いたところ、信長は彼を喜んで迎え、五〇〇貫をあたえた。その後上洛に協力を約束した信長と合流するため、義昭が越前から美濃に入ろうとしたとき、信長に召し抱えられた光秀が軍勢を率いて一行を出迎えたというのである。

藤孝の伝記的研究で知られる国文学者・土田將雄《まさお》によれば、右の『綿考輯録』記事は、細川家に伝わる記録『永源師檀紀年録《えいげんしだんきねんろく》』が原拠であるという（「細川藤孝と明智光秀」）。この記録の成立時期は未詳だが、宇土家譜にこの記事は見えないので、その後の『綿考輯録』編纂過程で参照されたのだろう。

この説明では、藤孝と光秀とのあいだに主従関係はなく、越前滞在中に親交をむすび、おたがい上洛に尽力したということになる。光秀の経歴に関する現在の研究水準を示す谷口克広『織田信長家臣人名辞典　第2版』でも、越前において藤孝と光秀が知り合ったこと、光秀が信長に仕えたのは上洛直前であったことまでを推測している。土田は、光秀が上洛に協力したという『綿考輯録』の記事は「光秀の存在を浮かびあがらせるため」の虚構であろうとしており、たしかに協力したとまでは確言できない。

次章でも触れる島津家久《しまづいえひさ》の上洛日記『中務大輔家久公御上京日記《なかつかさたいふ》』のなかに、天正三年（一五七五）五月十五日に家久や連歌師《れんがし》里村紹巴《じょうは》らが光秀の居城近江坂本城《さかもと》を訪れたとき、酒宴の途中から朝倉兵庫助《ひょうごのすけ》なる人物が加わったという記事がある。

天正元年八月に朝倉氏が信長に攻められ滅亡したとき、信長に降った朝倉一族のなかに朝倉兵庫助（諱《いみな》は景綱《かげつな》とされる）の名がある（信三八五号）。翌年一向一揆《いっこういっき》が越前を支配下に収めたとき、兵庫助は一揆勢に攻められ敦賀《つるが》郡に退いたという（『朝倉記』）。降伏後、許され、そのまま越前に置かれていたのだろうか。坂本城にあった兵庫助がこの景綱と同一人物であるなら、彼はその後光秀を頼り、客分のような立場で坂本城にあったのかもしれない。光秀が一時朝倉家中にあったことの傍証になるであろうか。

上洛直後の活動

光秀が義昭上洛にあたり具体的にどんな役割を果たしたのか、右の『綿考輯録』記事以外に知られるものはなく、判然としない。

義昭上洛直後の永禄十一年十一月十五日、光秀は藤孝らとおそらく京都における連歌会に参加しているから（土田將雄「細川幽斎の文学事蹟 補訂」）、義昭・信長・藤孝らとともに上洛したことは間違いない。いっぽう、信長の弓衆であった太田牛一《ぎゅういち》が後年執筆した『信長記《しんちょうき》』（信長公記）では、翌十二年正月四日のくだりが光秀の初登場場面となる。

信長は義昭とともに上洛したあと、十月末に岐阜に帰った。年明け直後、防御体制が手薄になった義昭の居所本圀寺に対し、敵対していた三好三人衆の軍勢が来襲するのである。このとき本圀寺にあって敵兵から義昭を守った武士のなかに、明智十兵衛の名が見える。『信長記』（牛一自筆本である建勲《たけいさお》神社本）には、光秀のほかに防戦した武士として一二人の名前が書き連ねられている。谷口克広によれば、彼らは幕臣・信長家臣（尾張《おわり》衆・美濃衆・若狭衆）とのことで、光秀は美濃衆（斎藤氏旧臣）の坂井与右衛門《よえもん》（直政）と森弥五八《やごはち》とのあいだに書かれている。いまひとつの自筆本である池田家本でのこの部分は、追筆などがあって多少書き方がちがうのだが、坂井・森のあいだに挟まっているという光秀の位置はおなじである。

牛一は、このときの光秀を美濃衆と認識して書いたのかもしれない。しかし、実際にはどのような立場で（幕臣として、信長家臣として）本圀寺に残されていたのか、谷口も書くように定かではない。

さて、その直後から光秀が署判する文書が確認されるようになる。たとえば、永禄十二年四月から翌十三年三月にかけ、信長家臣丹羽《にわ》長秀・木下秀吉・中川重政とともに四名で連署する文書が七通ある（秀五〜一〇・二〇号）。

これらは丹波の国衆宇津《うづ》氏による禁裏御料所《ごりようしよ》同国山国荘《やまぐにのしよう》の違乱《いらん》を止めさせるもの、尼門跡である曇華院《どんげいん》領山城国大住荘《おおすみのしよう》に対する幕臣一色藤長《いつしきふじなが》の違乱を止めさせるもの、若狭の武士たちに守護家であった武田氏に従うよう命じたものなど、信長がそのことを命じた朱印状を執行する役割をもっていた。これらは内容から考えて、信長家臣として名を連ねたと考えるのが自然であろう。

ひとつ気になるのは、朝山日乗《あさやまにちじよう》・村井貞勝《むらいさだかつ》と連署した永禄十二年と推定される二月二十九日付の文書である（光二号）。内容は、義昭と彼の御台所《みだいどころ》の御座所近辺における軍勢の寄宿《きしゆく》停止を、京都の近衛邸門外・同御霊辻子《ごりようずし》の町人たちに伝えたもの。連署者の貞勝は、のち信長のもとで京都の奉行（所司代《しよしだい》）を務めることになる人物であり、日乗は当時禁裏に出入りし、朝廷と関係が深かった僧侶である。

この前々日、義昭御所の鍬始《くわはじめ》（着工式）があり、その普請《ふしん》が始まっていた（『信長記』）。鍬始で寄宿停止はそれに携わる武士たちによる治安悪化を防止しようとしたとみられる。鍬始では信長も先頭に立ち差配しているので、文書のなかに「仰《おお》せ出《いだ》され候」とある命令主体を義昭・信長いずれとするか、断定しがたい。

公家との関わりということでは、摂関家である一条家と、日野家とのあいだで発生した相論に、日乗・光秀が信長の窓口として関わっていたとみられる史料がある（『言継卿記《ときつぐきようき》』永禄十二年七月十二日条）。

京都、さらに言えば公家屋敷周辺の治安維持に関わる義昭もしくは信長の命令を貞勝・光秀・日乗が執行していることをはじめ、日乗と光秀が公家関係の事案を処理している点は、次に取りあげる五ヶ条の条書《じようしよ》を考える前提として頭にとどめておきたい。

光秀にはこの時期、義昭のもとで活動していたとはっきりわかる痕跡もある。永禄十二年六月、京都にある阿弥陀寺《あみだじ》の敷地を安堵する義昭の「御下知」を執行した（光八号）。

また同年十一月、本願寺《ほんがんじ》門主顕如《けんにょ》が、三好氏を門徒《もんと》に支援させているのではないかと疑惑を向けられたことに対し、これを否定することを義昭に申し入れた書状の宛所《あてどころ》が光秀になっている（『顕如上人御書札案留』）。顕如の申し開きを義昭に伝える申次《もうしつぎ》が光秀なのである。

以上のように、上洛翌年の永禄十二年における光秀は、信長配下の奉行として命令執行に関与し、また朝山日乗とともに公家に関わる事案処理にあたった。いっぽうで義昭に申し入れられる案件を取り次ぐ役割も担っていた。

五ヶ条の条書をめぐって

光秀・日乗といえば、このふたりを宛名として、永禄十三年（一五七〇）正月二十三日の日付をもち、信長・義昭の印判《いんばん》が据えられた五ヶ条の条書（箇条書の文書）があまりにも有名である（信二〇九号、図1-1）。義昭と信長というふたりの権力者が政治をおこなってゆくなかで、やり方に少しずつ齟齬《そご》が生じはじめ、これを是正しようとして作成された文書である。全文の読み下し文と現代語訳を掲げよう（現代語訳は〈　〉内に示した）。

黒印（※義昭）

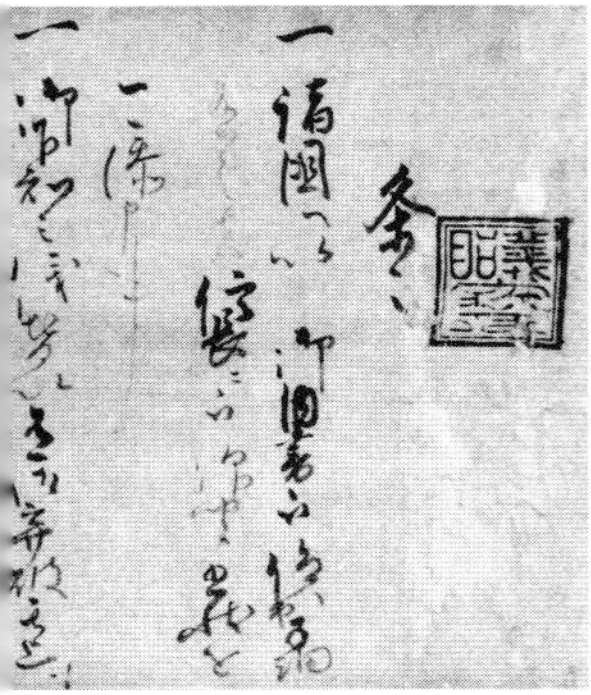

条々

一、諸国へ御内書《ごないしょ》をもって仰せ出さる子細これあらば、信長に仰せ聞かされ、書状を添え申すべき事。

〈義昭が諸国へ御内書を出すことがあれば、信長に通達し、信長の書状を添えること。〉

一、御下知の儀、皆もって御棄破《きは》あり。そのうえに御思案をなされ、相定めらるべき事。

〈ここまでの義昭の御下知はすべて破棄する。その上で考えて決めること。〉

一、公儀に対し奉り、忠節の輩《ともがら》に恩賞・御褒美を加えられたく候といえども、領中等これ無きにおいては、信長分領の内をもっても、上意次第に申し付くべき事。

〈幕府に対して忠節を尽くした人間に恩賞をあたえたくとも、その所領がないということであれば、信長の分領中であってもいいから義昭の判断次第であたえてよい。〉

一、天下の儀、何様《なによう》にも信長に任せ置かるるの

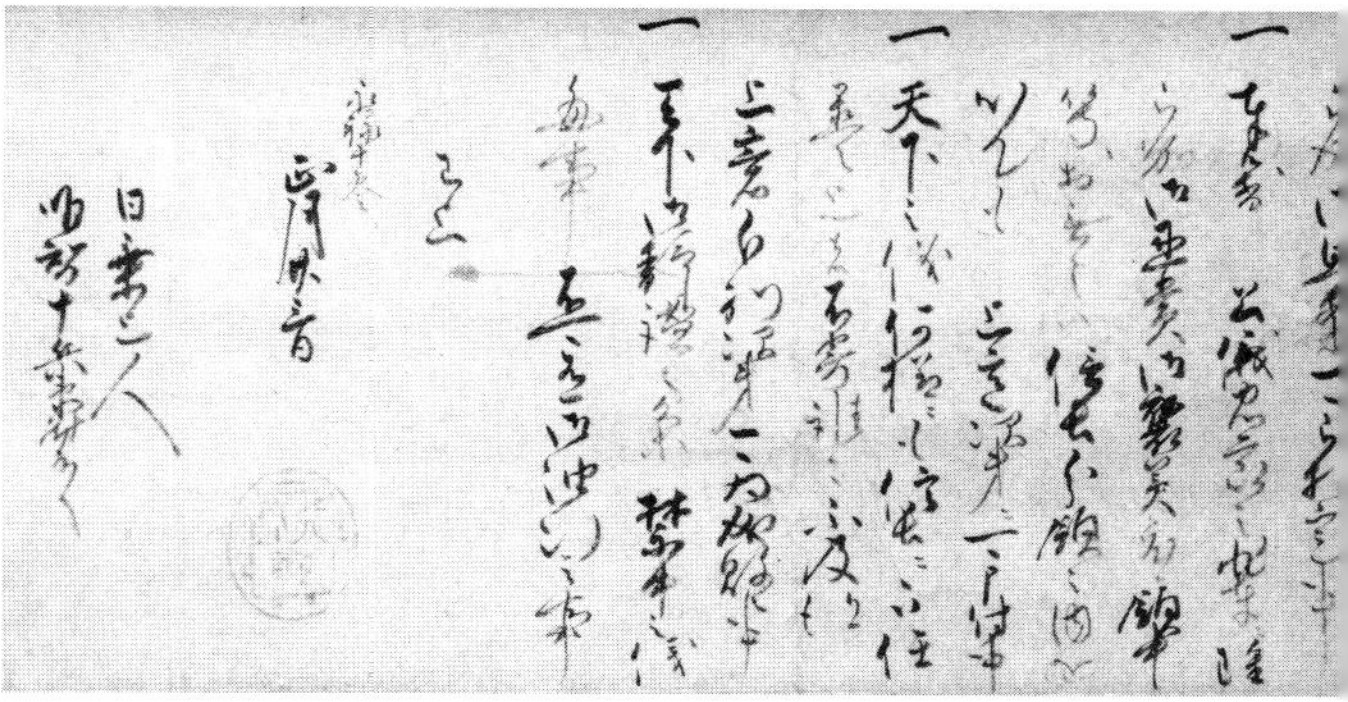

図1-1　永禄13年（1570）正月23日付足利義昭袖判織田信長朱印状（石川武美記念図書館 成簣堂文庫蔵）

うえは、誰々によらず、上意を得るに及ばず、分別次第成敗をなすべきの事。

〈「天下の儀」はとにかく信長に任せ置かれたのであるから、誰が相手であっても、義昭の判断を待つことなく、信長の分別次第で成敗をおこなうこと。〉
一、天下御静謐《せいひつ》の条、禁中の儀、毎事御油断あるべからざるの事。
〈天下が御静謐であるからには、朝廷の事については毎事怠りなく対処すること。〉
已上
永禄十参
正月廿三日　（朱印）（※信長）
日乗上人
明智十兵衛尉《じょう》殿

五ヶ条目の現代語訳について、旧著（『織田信長〈天下人〉の実像』）では、「対処してほしい」と信長が義昭に要望したような解釈をしたけれども、右のように修正した。

この文書は、これまで次のように解釈されてきている。

「宛名は朝山日乗と明智光秀になっており、義昭は袖判《そではん》を押して承認するという形をとっている」（谷口克広『信長と将軍義昭』）、「信長から義昭に提示され、義昭が袖判を捺したことによって承認されている」（久野雅司《くのまさし》『足利義昭と織田信長』）、「信長は五ヵ条の条書を日乗上人と明智光秀宛に出し、義昭は袖に黒印を押して、その内容を承認した」（池上裕子《ひろこ》『織田信長』）。

つまりこの文書の差出人は信長であり、この内容を義昭に提示して、義昭がそれを承認したという意味で文書の袖（右端）に印を捺したということである。

内容的に義昭に向けてのものであるにもかかわらず、宛名が光秀・日乗になっているのは、「日乗は朝廷とも関係があるので、義昭と信長との間にあって中立的立場にあるもの、しかも義昭にも信長にも親しい、そういう立場から義昭と信長との契約の証人という意味で、この文書の宛所になっている」（高柳光壽『明智光秀』）、「光秀は当時、信長に仕えながら幕臣の立場でもあった武士である。つまり二人とも信長・義昭の間で中立を保つことのできる人物だったから、信長に証人として選ばれたわけであろう」（谷口前掲書）のように、両者が双方に中立的な立場からこの取り決めの「証人」として、宛名とされたと説明されている。

条書の不思議

わたしもこれまで条書について右のような定説を疑わないできた。しかしそのいっぽうで、多少の引っかかりをおぼえないでもなかった。それはその形式においてである。

差出人と宛所を備えた文書は、前者から後者に対して何らかの情報を伝えるという役割がある。もちろん宛所はあくまで形式的で、その背後に本当に伝えるべき相手が隠れているばあいもないわけではない。披露状という形式の文書がそれで、先述した光秀宛顕如書状が該当する。その文書においては、顕如が実際に伝えたい相手は義昭であった。ただそれにしても、文書上の宛名に対して情報を伝えるという役割は残している。

ところが、この条書における宛名のふたりは、差出人として取り決めを提案し印判を捺した信長と、これを了承して袖に印判を加えた義昭、この両者の取り決めの「証人」だというのだ。ふたりの人間が文書によって約束を交わし、証人が見届ける。いっぽうの人間（この条書のばあい義昭）が印を捺すことにより、文書の働きはいったん完結し、そこから、書かれてある内容について守ってゆくという二次的な効力が発生する。まるで近代的な文書ではないか。この文書を読み下して紹介した小和田哲男も「非常に珍しい形の文書」と評している。

たとえば、文書の一般的機能に即して、義昭・信長のふたりが日乗・光秀に伝えたのがこの条書であると、素直に考えることはできないのだろうか。

この条書をはじめて学界に紹介したのは、当時、東京帝国大学文学部講師であった少壮学者・渡辺世祐《よすけ》である。渡辺は、一九一〇年（明治四十三）正月に上野で開催された国民新聞社主催の維新志士遺墨《いぼく》展覧会において、高橋義雄が出陳したこの条書を目にし、翌年この文書を軸にした論文「足利義昭と織田信長との関係に就いての研究」を『史学雑誌』に発表した。

この論文のなかで渡辺は、「是《こ》れ義昭と信長との間に成りし条約文にして、此《これ》を確実にする為《た》め証判として更に義昭をして黒印を捺さしめしものなり、而して信長は直ちに之《これ》を其儘《そのまま》自己の配下たる京師《けいし》の所司光秀、日乗に移し義昭を監視せしめしものならん」と条書の成立を説明するとともに、「斯《か》く両者の関係が円満ならざりし間に於て巻頭に掲出せる条約、両者の間に締結せられたり」、「兎《と》に角《かく》両者が不和なりし間に此条約に就いての交渉進行し、義昭は之を承認し、京師の所司明智十兵衛尉光秀及び朝山日乗の許《もと》に移して之を励行せしむるに至り、条約は効力を有する事となれり」とも書いている。

「条約」「締結」といったことばのえらび方は、近代国家が成立して世界情勢に呑みこまれ、日露戦争を経たのち、韓国併合へと突き進む帝国主義的な当時の日本の政治動向を反映していると邪推したくなるが、それはともかく、現在に至る定説のおおよその骨格は、すでに渡辺の紹介のなかにできあがっていると言える。

その反面で注意したいのは、渡辺は宛所としての日乗・光秀の役割にもきちんと言及していることだ。文書は最終的に宛所のふたりのもとにあり、この条書にもとづき「義昭を監視せしめ」た、また「励行せし」めたというのである。「証人」という見方とは異なる。

こうした渡辺の見方の根底には、やはりこの文書の形式に対する違和感があったとおぼしい。渡辺は「形式に就き考ふるに頗《すこぶ》る異体《いてい》なり」「一見頗る異なるが如し」と、見たことがない形式の文書であることを訝《いぶか》しんでいる。内容の興味深さが注目されるあまり、その後の研究では、こちらの渡辺の疑問や、日乗・光秀の役割についての指摘は置き去りにされてしまったようである。

条書の作成過程

条書の形式はそれほど「異体」なのだろうか。同時代の法規・法令を集めた『中世法制史料集　第五巻　武家家法Ⅲ』から、この条書と似た形式の文書を探してみると、まったくないわけではない。たとえば、毛利家が天正四年（一五七六）三月十日に出雲鰐淵寺《いずもがくえんじ》に出した、同寺本堂造営に関わる掟書《おきてがき》がある（同書八五五号）。

この掟書は、日付の下（日下《にっか》）に毛利家の奉行人たち五名が連署し、袖に当主輝元の花押《かおう》が据えられ、鰐淵寺年行事に宛てられている。つまり輝元が毛利家奉行人とともに、この法規の発令者として、宛所の鰐淵寺年行事に対し、そこに書かれてあることを守るよう命じたものである。花押を据えた者たちは、身分のちがいこそあれ、ひとしなみに発令者（発給者）の立場にある。

掟書に対する解釈をそのまま条書に当てはめれば、信長と義昭の両者がそこに書かれてあることを光秀・日乗に命じた（もしくは伝えた）、となろう。たしかに日下に信長、袖に義昭という印判の位置は、毛利家の掟書同様、両者の身分の差を反映している（一般的に袖判のほうが尊大）。しかし内容からみて、そう素直に考えがたいことは明らかである。

そこで実際この文書がどのように作成され、成立したのかを跡づけてみよう。

条書の日付（永禄十三年正月二十三日）どおりこの文書が書かれたという前提で考えると、この日、差出人の信長、宛所の日乗・光秀いずれもが岐阜にあったようである。これは公家山科《やましな》言継の日記『言継卿記』によって推測できる。少なくとも光秀は二十六日には京都には不在で美濃下向《げこう》中とあり、日乗は十四日の時点で京都不在であり、二十九日には上洛していたことがわかる。やはり岐阜に下向していたのではあるまいか。当然義昭は京都にあった。

推測を重ねることになるが、条書は岐阜において作成され、信長から岐阜にいた日乗・光秀に手交された。そして光秀の動向は不明ながら、二十九日までに上洛した日乗がこれを京都にもたらした可能性がある。すると義昭が印を捺したのは日乗上洛後であったと考えざるをえない。この点、すでに谷口研語が指摘をしている。やはり義昭の印をもって「発効」したということになるのだろうか。

奇しくも条書の日付の翌日、懸案となっていた改元について、幕府が費用を負担して進めるための手続きがはじまっている（元亀への改元は四月に実現）。もとより改元に向け義昭がようやく重い腰を上げつつあることはその数日前からわかっており、岐阜における条書作成とは直接関係あるまい。

しかし、条書の五ヶ条目に「禁中の儀、毎事御油断あるべからざるの事」とあることを考えると、そのような信長の意向は義昭にも伝わっており、条書とは無関係に義昭も自主的に動いたのかもしれない。

信長がまず単独で印を捺した条書が京都にもたらされ、義昭が袖に印を捺し、ふたりの権力者のあいだでの政治方針の取り決めが成った。宛所の日乗・光秀は、実際にこの条書を信長から義昭に伝達する役割を果たした。その先には、渡辺が想定したような「監視」ということばほど強くないかもしれないが、京都における義昭の活動を支えるような立場を考えることができるのではあるまいか。日乗・光秀両人が朝廷・公家に関する事案に携わっていたことがそれを裏づける。

それを考えるとこの条書は、先に見た毛利家の掟書と異なり、やはり条約に近いものだと考えるほかない。条約という表現が適切でないなら、約束・誓約である。

この時期の誓約であれば、おたがいが神仏に誓うかたちでの起請文《きしようもん》という文書がある。文面にあることを破ったとき、そこに書かれてある神仏の罰を受けると誓う。他大名にくらべて信長が作成した起請文が少ないことから、その背後には神仏に誓う起請文に縛られることを嫌う信長の志向があるのではないかという平井上総《かずさ》の興味深い指摘がある（「織田政権と盟約」）。

この条書が作られた背景にも、そうした信長の志向があるかもしれないと考えるのは穿《うが》ちすぎだろうが、人間と人間とのあいだの約束を神仏に誓わず、このような条書と両者の印判によって取りむすぼうとした信長のやり方は、やはり「異体」であったと言える。

この風変わりな約束文書は、その後どのように保管されていたのだろうか。それがわかれば、なぜこうした文書が作られたのかもおのずと明らかになったのだろうが、残念ながら判然としない。

展覧会にこの文書を出陳した高橋義雄とは、箒庵《そうあん》の号で知られる実業家・茶人である。彼の数寄者《すきしゃ》としての関心から、入手されたのであろう。彼がどこから入手したのか不明である。その後この文書は、一九二二年（大正十一）以降、展覧会を主催した国民新聞社の創業者・徳富蘇峰《そほう》の所蔵となり（史料編纂所架蔵影写本『高橋文書』）、現在は蘇峰の蒐集史料を受け継ぐ石川武美《たけよし》記念図書館（成簣堂《せいきどう》文庫）に伝えられている。

光秀があたえられた所領

光秀が義昭と信長双方に仕えていたことを裏づけるひとつの方法として、それぞれから何らかの所領をあたえられていたことがわかればよい。上洛前後の永禄十一年から十三年までに限れば、先に紹介した『綿考輯録』にて、光秀は信長から五〇〇貫を宛行《あてが》われたとあるが、もとより確証はない。

いっぽう義昭からは所領が給付されていた。永禄十三年四月十日に、光秀が東寺八幡宮領であった山城下久世荘《しもくぜのしょう》（京都市南区）の「一職《いっしき》（総括的な支配権）」を義昭からあたえられたと称し、年貢・公事などを寺に納めないことを、東寺が幕府に訴えている（『東寺百《ひゃく》合《ごう》文書』）。

先の五ヶ条条書において光秀とともに宛所とされた朝山日乗のばあい、永禄十二年六月二十六日、義昭の使者として美濃の信長のもとへ遣わされているが、七月に帰洛したときの話では、このとき信長から伊勢《いせ》に千石の知行をあたえられたという（『言継卿記』）。いずれもいっぽうの事例しか確認できないけれど、光秀・日乗とも、このように義昭・信長から所領をあたえられており、それが条書の宛所とされた大きな理由となったことは容易に想像できる。

光秀はいま述べたように、四月頃の時点で義昭からすでに所領を賜っていたゆえか、山科言継からは、義昭に仕える「奉公衆方《ほうこうしゅうかた》」の一員とみなされていた。この年の正月に「奉公衆方」への年始回りをした言継は、その面々のなかに明智十兵衛も含めているのである（『言継卿記』）。反面で、信長からの信頼が厚いことを示すような史料も見逃せない。たとえば、永禄十三年二月三十日と同年七月四日、上洛した信長は、まず洛中の光秀邸に馬を寄せた（『言継卿記』）。

また、後述する四月の越前・若狭攻めのあと京都に戻った信長は、五月に賀茂別《わけ》雷《いかずち》神社（上賀茂神社）に参詣したらしい。このとき神社の神事を営む氏人《うじびと》たちが信長に対して礼銭を贈っており、御ちやう（菅屋長頼）・明知方（光秀）・嶋田方（秀満）にも各二〇〇文ずつを贈っている。光秀ら三人が信長の参詣に供奉《ぐぶ》していた可能性がある（『賀茂別雷神社文書』元亀元年五月分職中算用状）。

信長のもとでの軍事行動

ところで、四月二十三日に永禄十三年から改元された元亀元年という年は、信長にとって、越前の朝倉氏・近江の浅井氏とのあいだで「志賀の陣」と呼ばれる長期的な対陣があったほか、敵対していた三好氏が攻勢に出て、これに味方して大坂本願寺も敵対するなど、苦境に陥った一年であった。

右に見たように、信長の信頼を得ていた光秀は、軍事的にも信長の麾下《きか》で立ち働いていた。浅井長政が信長と訣別することになった元亀元年四月の越前・若狭攻めにおいても、光秀は従軍している（『信長記』）。最近見いだされた文書によれば、光秀はこのときまず若狭に入った信長に従い、若狭武田氏からの出迎えを受けており、このことを義昭家臣の藤孝・飯川信堅《いいかわのぶかた》・曾我助乗《すけのり》に伝え、義昭への披露を依頼した（『三宅家文書』・光補遺一号）。光秀は信長の動向を義昭に伝える役目を負っている。

長政の離反により信長は京都に戻るが、光秀と丹羽長秀のふたりは若狭に派遣され、このときの出兵の一因となった若狭武田氏の臣武藤友益《ともます》から人質を徴して、信長に従わせるお膳立てをしている（『信長記』）。

その後も光秀はひきつづき、信長軍の部将として活動する。六月二十八日に朝倉・浅井軍と戦い勝利を収めた姉川の戦いでは、『信長記』にこそ名前は見られないものの、江戸時代初期に成った『松平記《まつだいらき》』『三河《みかわ》物語』では、「明知（アケチ）」が柴田勝家とともに朝倉軍に向かう一番備《ぞなえ》として書かれている。

八月に信長が三好氏を攻めるため義昭や幕府奉公衆らとともに摂津《せっつ》へ出陣したとき、最初から光秀もこれに従っていたかはわからない。ただ、九月に入って南近江に朝倉・浅井軍が侵入したという一報を得て、「南方より」光秀・貞勝・勝家が上洛し、義昭御所を守備したという情報を山科言継が書きとめているから（『言継卿記』）、摂津にあったのだろう。勝家は京都の情勢を見定め、翌日には摂津に戻ったが、光秀の動向はわからない。

このときの朝倉・浅井軍の攻撃により、近江宇佐山《うさやま》城（志賀城・大津市）を守っていた信長家臣森可成《よしなり》や、信長の弟とされる九郎信治が討死した（『護国寺文書』『歴代古案』など）。九月二十日のことである。

信長が義昭とともに帰洛したのは九月二十三日であり、翌日すぐ近江坂本へ向かった（『言継卿記』）。『信長記』によれば、延暦寺に協力を求めるために比叡山の麓の各所に砦《とりで》を拵《こしら》え、諸将を入れ置いており、光秀はこのとき穴太《あのう》（大津市）の要害に配置された面々のなかに名前が見える。これらの経過を見ると、一時的に信長のもとを離れ京都に入ることはあったにしても、摂津から近江へ、光秀は一貫して信長の麾下で働いていたと考えられよう。

このとき、比叡山の西麓（山城側）にある古城勝軍山城《しょうぐんやま》（勝軍地蔵山城・瓜生山城《うりうやま》）に信長庶兄信広や公方衆《くぼう》が置かれているが（『信長記』）、十一月の時点で光秀が在城している（『兼見卿記』）。

このときの織田軍と朝倉・浅井軍との長期対陣（志賀の陣）は、正親町《おおぎまち》天皇と将軍義昭の仲介により十二月に和がむすばれ、織田軍は比叡山周辺の兵を撤し、瀬田のあたりまで退いた。

宇佐山城主として

年が明けた元亀二年（一五七一）正月、光秀は勝軍山城から、近江の志賀（宇佐山城）に移っていたことが確認される（『兼見卿記』）。宇佐山城は前年九月に守将森可成が攻められ討死した城であり、近江滋賀郡から京都へ通じる道路（新路）を押さえる要地にあった。翌二月に光秀は、吉田神社神主吉田兼見に対して人足派遣を依頼しており（『兼見卿記』）、城普請にあたっていたのかもしれない。この二月には、近江佐和山《さわやま》の磯野員昌《かずまさ》が居城を信長に明け渡し、同国高島郡に移ったため、信長は丹羽長秀を城代として佐和山城に入れた。

谷口克広は、前年の姉川の戦い後、この長秀の佐和山城入りに至って、信長は近江の湖《こ》東《とう》から湖南《こなん》にかけ、横山（木下秀吉）・佐和山（丹羽長秀）・長光寺《ちょうこうじ》（柴田勝家）・安土（中川重政）・永原《ながはら》（佐久間信盛）・宇佐山（光秀）の六将を配置し、同国の守備体制を整えたと指摘する（『信長軍の司令官』）。

右の面々に伍して光秀も宇佐山城を預けられたとするなら、その待遇に値するだけの功をあげたからなのだろう。具体的に特定はできないが、前年の一連のいくさにおいて、信長に従うなかで認められるに至ったのだと思われる。

実は元亀二年に入って、光秀が明確に義昭家臣として活動していた痕跡があまり見いだせなくなるのである。

これまで元亀二年と推定されていた七月五日付信長判物《はんもつ》は、義昭側近上野秀政と光秀に宛てたもので、曇華院領大住荘の違乱を止めさせる内容である（信二八九号）。元亀二年とするなら、上野秀政とならぶ光秀は義昭家臣の立場で書状を宛てられたことになる。

ただ、日付上さして間を置かず出された、やはり大住荘に対する幕府の介入を止めるように要請した七月十九日付信長判物写は、内容（一色藤長の押妨《おうぼう》に触れる）から元亀二年のものであり、こちらは上野秀政・三淵藤英《みつぶちふじひで》という義昭側近に宛てられている（信二九〇号）。宛所の一部異なる似た内容の文書が短い間隔で出されることは不審であり、光秀が宛所に含まれた五日付判物のほうは前年永禄十三年の可能性がある。

また、おなじく元亀二年とされる七月晦日付義昭御内書《みそかごないしょ》は、元亀元年八月末に信長に降った三好為三《いさ》（『言継卿記』）に対し、「信長執り申す旨に任せ」当知行を安堵することを約束したもので、「なお光秀申すべく候也《そうろう》」と、光秀が義昭御内書を伝える立場になっている（『狩野亨吉氏所蔵文書』）。関係する文書として、六月十六日付で信長が光秀に宛てた書状があり、そこでも信長は為三の知行を保証することを述べており、こちらは元亀元年に比定されている（信二三六号）。

日付の前後を考えると、義昭御内書は、光秀宛信長書状を受け、降伏条件の切札として為三に提示されたと考えられるのではないか。この文書の花押型は、これまでの研究では元亀二年以降のものとされているが（蕪木宏幸「足利義昭の研究序説」）、そのひとつ前の段階のものとみなす余地がある。もしそれでよければ、光秀は為三の誘降、すなわち三好方の切り崩しに功があったことになり、宇佐山城付与に結実する元亀元年における彼の武功に数えることができよう。

これまで光秀が両属状態を脱し信長家臣に専念するようになるのは、後述する元亀二年九月の延暦寺焼討ち以後、坂本城に本拠を移す同年末頃と考えられていた（『織田信長家臣人名辞典　第2版』）。しかし以上の検討から、これを約一年さかのぼらせ、宇佐山城を預けられた元亀二年初頭と考えることもできるのではあるまいか。小和田哲男は、宇佐山城主としての光秀の立場は、城付知行《しろつき》のない〝城将〟（城代《じょうだい》）と呼ぶべきものであったとするが、信長家臣という意味では、右のように考えて問題はないように思われる。

元亀二年末に義昭に暇を乞うたとされる日付のない光秀書状（光二三号）は、後述する義昭側近曾我助乗への地子銭《じしせん》進上と関連させ、「とにかくにゆくすへ成りがたき身上《しんしょう》の事に候間、直《じき》に御暇を下され、頭《かしら》をもこそげ候様に御取り成し」を助乗に願ったとされるが、この文面だけでは元亀二年と断定しがたく、光秀が義昭から離れようとしたことを示す根拠とするにはためらわれる。

延暦寺焼討ちと光秀

いま、これまでの指摘に即して「両属状態を脱し信長家臣に専念」と書いたが、だからといって、義昭から給付された所領を返上し、縁を切ったことを示す史料があるわけではない。信長から城を預かり、周辺の領域支配をおこなうことになった以上、軍役は信長に対して負うのが当然であり、おのずと信長の指示に従い動くことが多くなるだろう。光秀と義昭の関係に亀裂が入ったわけではない。

元亀二年に推定される六月十七日付信長書状は、細川藤孝に宛て、「喧嘩の次第」（具体的内容は不明）を御内書によって伝えられた信長が、自分の考えを派遣されたふたりの使者に申し述べ、藤孝から義昭への披露を依頼したものである（信二八〇号）。そのなかに「なお明智方まで申し遣わすの条、上聞《じょうぶん》に達すべく候」とあって、藤孝による披露とは別に、光秀経由で直接義昭に申し入れをしていることをうかがわせる。

また同年九月には、二十四日に手勢千人を率いて光秀が摂津高槻《たかつき》に向かい出陣したあと、翌日、奉公衆一色藤長以下も同様に千人ほどで出陣したという史料がある（『言継卿記』）。彼らは摂津で一緒に動いた可能性が高く、あるいは光秀が奉公衆軍を統率したのかもしれない。高柳は「光秀が幕府衆と一緒に行動していることは注意してよい」と指摘したが、こうした光秀の役割は、城持ちの信長家臣でありながら、なお義昭・幕府との深いつながりを維持しているゆえのものであろう。

さて、前述のように、元亀二年九月十二日、信長は朝倉・浅井方に肩入れする比叡山延暦寺の焼討ちを断行した。この焼討ちで具体的に光秀がいかなる働きをしたのか、はっきりとはわからない。しかしその結果「志賀郡明智十兵衛下され、坂本に在地《ざいち》候」とあるので（『信長記』）、重要な（むしろ中核的なと言うべきか）役割を務めたものと思われる。

ルイス・フロイスが光秀の没後、イエズス会総長に書き送った報告書のなかで、「比叡山の大学の全収入を与えた」とあったり（ルイス・フロイス「一五八二年度日本年報追信」）、十二月の段階で「明智坂本ニ城ヲカマヘ、山領ヲ知行ス」（『年代記抄節』）とあるように、焼討ち後、光秀は滋賀郡の延暦寺領（山門領）をあたえられ、また居城を坂本に移した。

山門領の支配については、焼討ちによる勢いもあってか、多少行きすぎた面もあったようである。「洛中の叡山」（『盧山寺縁起』）と呼ばれる山城盧山寺《ろさんじ》の所領や天台宗の曼殊院《まんしゆいん》門跡をはじめとした諸門跡領までをも押領《おうりよう》するふるまいがあり、朝廷は、これらは山門領とは異なるため押領を止めさせるように信長に要請している（『盧山寺文書』『言継卿記』）。

元亀二年十二月に信長が佐久間信盛にあたえた領知朱印状によれば、近江の野洲《やす》・栗太《くりた》両郡にある山門の闕所《けつしよ》（没収所領）は信盛に給付され、栗太郡から滋賀郡にかけて勢力のあった六角氏旧臣進藤賢盛《かたもり》も信盛の与力《よりき》としてつけられたものの、滋賀郡にいる進藤の侍たちは、同郡支配を担当する光秀の麾下に編入された（「太陽コレクション所蔵文書」・信三〇七号）。一郡支配と与力付属。これによって光秀は、信長家臣として立場をいっそう強めてゆくことになる。

いっぽう、焼討ちからその後の滋賀郡支配に至る一連の過程で、光秀の活動が将軍義昭を不快にさせることがあったのかもしれない。光秀は元亀二年十二月二十日付で義昭側近曾我助乗に対し、「公儀（義昭）御取り成し以下頼み入り候」という名目で、下京《しもぎよう》壺底分地子銭二一貫余を進上している（光二二号）。義昭と光秀の関係に少し隙が生じたと言えようか。

坂本城主光秀の元亀三年

光秀が坂本城築城に携わっていることがわかる初見史料は、『兼見卿記』元亀三年閏《うるう》正月六日条である。この日、吉田兼見は坂本普請中の光秀を見舞った。それ以前から普請に取りかかっていたとみられる。この年十二月にも坂本を訪れた兼見は、天主以下の作事を見学し、その壮麗さに驚いている。ほぼ一年がかりで普請がつづいていたわけである。

この元亀三年（一五七二）、近江では浅井氏に味方する勢力がなお抵抗をみせたため、信長は三月初旬に近江へ出陣し、まず浅井氏の居城である小谷《おだに》城周辺を攻略した。このとき協力を約束しながら結果的に反した江北《こうほく》の土豪たちを討つため、信長は滋賀郡を経て和邇《わに》に布陣し、湖西の木戸・田中両城を攻めるための付城《つけじろ》を構築させ、その守備を光秀・中川重政・丹羽長秀といった近江の部将たちに命じて、三月十二日に上洛する（『信長記』）。『兼見卿記』によれば、上洛した信長に拝謁するため兼見が礼物《れいもつ》を携え宿所の妙覚寺《みょうかくじ》に参上したところ、奏者《そうしゃ》は光秀だったというから、木戸・田中城攻略は配下の軍勢に任せ、光秀自身は信長に従っていたようである。

四月になると、今度は敵対する三好義継が河内《かわち》の交野《かたの》城（大阪府交野市）を攻撃してきた。信長はこれを助けるため家臣佐久間信盛・柴田勝家以下を将とした軍勢を向かわせる。『信長記』には光秀の名は書かれていないけれども、河内出陣にあたり合城《あいじろ》（付城）構築を命じる連署状に勝家・信盛・滝川一益《かずます》らと連署しており（光二四号）、また十六日に河内に出陣した面々に光秀も含まれているから（『兼見卿記』）、光秀もそこに加わっていた。

このときの出陣に関わるものとみられる四月十九日付の書状がある。義昭家臣細川藤孝・三淵藤英・上野秀政三人と光秀が連署したもので、御内書を受け、自分たちのいる方面の情勢と、上山城《かみやましろ》（山城国南部）での軍事行動に問題がないことを義昭に報告した内容である（信補遺八三号）。たしかにこのとき幕府奉公衆の軍勢も参加しているから、この連署状の存在は、光秀が奉公衆軍の指揮統率と何らかの関わりがあることを推測させる。彼らは五月十一日に帰陣し、光秀は六月には坂本に戻っている（『兼見卿記』）。

七月にはふたたび信長が浅井氏の小谷城攻めをおこなった。当然光秀もそこに加わっており、彼が担当したのは打下《うちおろし》（滋賀県高島市）の林員清《かずきよ》、堅田《かたた》（同大津市）の猪飼野昇貞《いかいののぶさだ》らとともに水軍を率いて、琵琶湖から江北を攻撃することであった（『信長記』）。小谷城を攻めるための付城が築かれた虎御前山《とらごぜ》に置かれた木下秀吉が、このいくさにおける織田軍の中核となった。しかし朝倉氏が浅井氏支援のため大軍を出したこともあって、膠着状態に陥っている。

光秀は九月十五日に上洛しているので（『兼見卿記』）、小谷城攻めからは離れていたとみられる。

義昭の敵対

元亀三年の年末頃、信長は義昭による政務の腐敗を強く諫《いさ》める一七箇条の意見書を出したとされる（『信長記』『尋憲記』）。このなかの一条に光秀が登場する。光秀が、購入した物の代金として、収納した地子銭をある者に渡したところ、これは山門領だと義昭が言いがかりをつけ差し押さえたというのである。地子銭を納めるべき地が山門領ということなのか、意見書の文面からは具体的なことはわからず、先に触れた曾我助乗に依頼した「公儀御取り成し」と関係するのかも不明なのだが、このような諍《いさか》いが積み重なった結果、信長の義昭に対する不信感は増し、逆に義昭は、信長との対決を決意することになる。

元亀四年（一五七三）二月初旬、義昭は朝倉義景・浅井長政らを後ろ盾にして、上山城守護に任ぜられていた近江瀬田の光浄院暹慶《せんけい》（山岡景友）や本願寺門徒らを動かし、信長に向けて挙兵した。これに光秀に所属していた洛北の土豪山本対馬守《つしまのかみ》（実尚《さねひさ》）・渡辺宮内少《くない》輔《しょう》（昌）・磯谷久次らも味方し、光秀を攻撃したため、光秀は「正体無《しょうたいな》」しという苦境に陥ったという（『兼見卿記』『牧田茂兵衛氏所蔵文書』『尋憲記』）。暹慶らは石山に砦を築き、今堅田に籠もった（『信長記』）。

二月中旬から下旬にかけ、光秀は木戸や今堅田を攻撃している（光二九号）。信長が細川藤孝を介して義昭と和をむすぶ話を進めるいっぽうで、光秀や柴田勝家は二月二十九日に今堅田攻めを敢行した。攻撃は辰刻《たつのこく》（午前八時頃）にはじまり、午刻《うまのこく》（午後〇時頃）に光秀軍がようやく砦内に攻め入った（『信長記』）。このいくさはかなりの激戦となったらしく、光秀方も多くの死傷者を出している（『兼見卿記』・光三一号・第四章扉図版）。

義昭・信長の対立は、信長が折れることでいったん収束をみるものの、結局、義昭が和睦を受け入れずに破談となり、信長は三月末に大軍を率いて上洛、四月四日、上京《かみぎよう》を焼討ちして義昭に決断を迫った。光秀はこのとき鴨に陣を布いていたので（『兼見卿記』）、織田軍の一員として上洛したのだろう。

その後、正親町天皇の仲介によって、ふたりの対立はようやく鎮静化した。しかしこの対立の過程で、とうとう細川藤孝は義昭を見限り、荒木村重《むらしげ》とともに信長に降る（『信長記』）。光秀のばあい、二月の段階で義昭に味方する勢力から攻撃を受けているから、その時点で完全に義昭と切れたと考えられよう。厳密に言えば、このとき義昭家臣・信長家臣という両属状態が解消されたことになる。

情勢がいったん落ち着きをみせた六月末、光秀は連歌師里村昌叱《しようしつ》らとともに坂本城にて歌仙（三六句を詠む連歌）を巻いている（『兼見卿記』）。ちょうど天主の下に小座敷《こざしき》を建てた直後であったらしい。光秀は機嫌よく客を迎え、連歌会を強く所望したという。

ところが、周知のように義昭は七月にふたたび挙兵した。彼らは山城槇嶋城《まきしま》に拠るものの、信長の軍勢に攻められて敗れ、京都からの退去を余儀なくされる。光秀は槇嶋攻めに加わったあと、二月以来、義昭に味方して抵抗していた山本対馬守を静原山《しずはらやま》城に攻めた（『信長記』）。

信長は八月から九月にかけ、長らく敵対していた朝倉義景・浅井長政らを討つことに成功する。その前の七月、近江高島郡に出陣した信長は、これも前年以来、敵勢力が籠もっていた木戸・田中両城を攻略してこの二城を光秀にあたえている（『信長記』）。光秀もこの攻撃に参加したものとみられる。

いっぽうで『信長記』には、越前朝倉氏攻めに光秀が加わったように書かれていない。谷口克広は、朝倉・浅井氏の滅亡後、織田大明神社領の安堵に関わり（一益・秀吉と連署状を発給）、戦後処理にも関わったことから、朝倉氏攻めにも参加していたのではないかと推測している。最初から軍勢に加わっていたかはわからないが、どこかの段階で合流して、最終的な仕置《しおき》を秀吉らとともに任されたのだろう。

光秀自身は十月になって静原山城を落とし、山本対馬守の首級を伊勢在陣中の信長に持参したり（『信長記』）、河内若江城に籠もって信長に抵抗した三好義継を藤孝らとともに攻めていたようであるから（『大雲山誌稿』）、朝倉・浅井氏滅亡後は、信長とは別行動をとって畿内の敵対勢力を鎮める役割をあたえられていたとみられる。翌天正二年（一五七四）以降に確認される畿内中心の政治的・軍事的活動の端緒がこのあたりから確認できる。

二重政権の象徴

本章では、光秀の行動を追いかけることにより、義昭と信長の両属状態にあったとされる光秀の立場を考えようとした。これまで言われてきた両属状態ということばの内実が自分なりにだいぶわかってきたように思うし、そこからいっぽうへと比重を移してゆく様子も鮮明になったのではあるまいか。

それにしても、永禄十三年正月二十三日付の条書は奇妙な文書であった。

この文書に象徴されるふたりの権力者の不安定な関係は、光秀（そして日乗）をかなめにして微妙な平衡を保っていた。それゆえ、光秀が義昭から信長にその奉仕の比重を移したことと、平衡を保っていた両者の関係が崩れたことに因果関係を見ることも可能である。その意味で明智光秀は、義昭・信長の権力が並存した永禄十一年から天正元年にかけての〝二重政権〟の時期を体現する存在であったと言ってよいのかもしれない。

第二章

「天下」を維持する

細川藤孝像（南禅寺天授庵蔵）

明智光秀と京都

本章は、天正元年（一五七三）七月に義昭が京都を退去することによって、将軍不在となった、京都を中心とする空間（「天下」）を実質的に支配することになった織田信長が、なお敵対をつづける武田氏や本願寺との対決に勝利し（もしくは和をむすび）、みずから〝天下人〟たることを自覚するに至った天正三年なかば頃までの時期を取りあげる。天下人としての立場を揺るぎないものにした信長のもとで、明智光秀はいかなる役割を担ったのだろうか。そして、その後重用されてゆくことになる立場をどのようにして固めたのだろうか。

この時期の光秀は、目が京都の東方（武田氏や長嶋一向一揆）に向きがちだった信長とは別に、拠点を坂本・京都に置いて、信長不在の「天下」の秩序を保つ職務をおもに任されていた。こうした光秀の役割は、それ以前、第一章で述べた時期に彼が携わった仕事の延長線上にある。そこでまずは少し時計の針を戻し、京都における光秀の政治的役割を確認するところからはじめよう。

永禄十三年（一五七〇）正月二十三日付条書を考えたときにも触れたが、光秀は朝山日乗とともに朝廷・公家に関わって、義昭・信長ふたりの武家権力者と朝廷・公家をむすぶような立場にあった。

前章で言及しなかった関係する活動を発給文書から見ると、木下秀吉とともに山城賀茂荘の年貢と軍役を定める（永禄十二年四月・十二月、光三・九号）、嶋田秀満・塙《ばん》直政・松田秀雄とともに「公武御用途《ごようと》」調達のため山城に所在する寺社領などに反銭《たんせん》を賦課し、その納入を命じたこと（元亀二年〔一五七一〕九月、光一四〜一九号）、上記三人とともに、禁裏賄《まかな》いのため米を京の町衆《まちしゆう》に預け、その利息を納めるよう命じたこと（同年十月、光二〇・二一号）、南禅寺正因庵の買得《ばいとく》田地を安堵したこと（元亀三年十二月、光二七号）などがあげられる。

これに加えて興味深い文書がある。永禄十二年とみられる十二月二十二日付で日乗が京都の上京・下京に宛てて出した、物の売買を規制する定書《さだめがき》である（「饅頭屋町々誌」『中世法制史料集　第五巻　武家家法Ⅲ』七〇二号）。このなかで日乗は、定めに反したばあい、織田三郎五郎（信広）・明知十兵衛尉（光秀）と、「闔閤（開闔《かいこう》）」森三左衛門尉（可成）・村井民部少輔（貞勝）らが取り締まることを伝えている。

開闔とは、室町幕府において京都の行政・治安維持にあたる機関であった侍所《さむらいどころ》の長である頭人《とうにん》・所司代の下に置かれた役職である。しかし戦国期に頭人・所司代が廃絶されると、実質的に侍所の中心になっていたという（木下昌規《まさき》『戦国期足利将軍家の権力構造』）。

右の法令にて開闔が森可成だけにかかるのか、村井貞勝も含むのかなど、この時期の京都の都市行政のあり方をうかがう貴重な史料だが、それはともかく、そのなかに光秀も含まれていることは、光秀もそうした仕事に関わっていたことを裏づけている。

朝廷に関することで言えば、元亀三年閏正月二十六日に、朝廷から光秀に対して、御即位旗杆（鉾ヵ）役者を務める四郎次郎の給田が法証寺領だとして没収されたことに抗議する文書が出された（『東山御文庫所蔵史料』勅封一四二函）。朝廷からの訴えを受けとる窓口が光秀となっている。

こうした上洛以来の京都（朝廷・公家）との関わりが、宇佐山城そして坂本城をあたえられ信長家臣としての立場を確固たるものとした以後も、光秀が京都に関わる素地となっていたと推測される。

所司代村井貞勝との協業

義昭が退去し、室町幕府が瓦解したあとの京都では、その行政や治安維持に携わる「所司代」に村井貞勝が任ぜられたとされる（『信長記』）。京都における貞勝の役割は、本書のここまで述べてきたところでもたびたび登場していたごとくである。

それでは、貞勝と光秀の関係はいかなるものであったのか。

谷口克広は、天正三年までの足かけ三年間は、事例をあげて「貞勝単独ではなく、光秀もまた一緒に京都の行政に励んでいる」、「「天下（京都）所司代」村井貞勝にほとんど遜色ない権限を持って、京都とその近辺の政務を担当させられていた」と指摘し、光秀を「所司代の補佐」と呼んでいる（『織田信長家臣人名辞典 第2版』）。さらに、この任務は「光秀の経歴と実務能力が認められてのこと」だったとするが、右に見たような事例からもそれは明らかだろう。

貞勝が所司代となった天正元年だけでも、十二月に山城大原の寺院来迎院《らいごう》・勝林院《しょうりん》の所領を安堵したり（『来迎院文書』）、同国天龍寺の塔頭《たっちゅう》妙智院《みょうち》領の年貢直納《じきのう》を保証したり（光四三・四四号）、同国若宮八幡宮に年貢地子銭を納めるよう命じる（光四五号）などの仕事を両人でおこなっている。

いっぽう十一月には、光秀単独で実相院門跡領を安堵した事例もあって（光四一号）、ふたりがどのような協力・分業体制を敷いていたのか、具体的なあり方はわからない。ほぼ京都に在駐した貞勝とは異なり、光秀はいくさにも従軍しているから、署判の相違は、その文書の発給時点でいるかいないかだけなのかもしれない。

天正元年十月頃、光秀は細川藤孝らとともに河内若江城に三好義継を攻めているように、彼が目を配らなければならない範囲は、都市京都にとどまらず、山城国、さらには畿内という広域的なものであった。翌天正二年になると、そのような活動が顕著に見られるようになる。以下、時間を追って光秀の活動をじっくりと観察してみたい。

大和駐在

天正元年十二月、大和多聞山城《たもんやま》にあって信長に抗していた松永久秀《ひさひで》・久通《ひさみち》父子が、居城多聞山城を明け渡して信長に降った（信補遺三五号・『信長記』）。十二月二十六日、多聞山城には佐久間信盛・福富《ふくずみ》秀勝・毛利長秀三人が城番として入り、筒井氏ら大和の有力国衆から人質を徴した。信盛は二十八日に帰ったものの、残る秀勝・長秀ら城番たちは、年が明けた正月四日、歳暮や年頭の礼物進上がないことを咎め、興福寺に押し入るなどの狼藉を働くに至る（『尋憲記』）。

大和国に対し、本格的に信長の支配がおよぶようになって、いきなりこのような強圧的な洗礼を浴び、奈良の人びとは戦々恐々としたのではあるまいか。

しかし、人びとが抱いたであろう不安は、すぐに払拭される。十一日に光秀が城番としてあらたに赴任してきたからである（『多聞院日記』）。秀勝らのふるまいが信長の耳に届いたのか、それとももともと光秀が入る予定であったのかはわからない。その後ほぼひと月替わりで城番が細川藤孝・柴田勝家へと交替するので、もともと予定にあったことかもしれない。

興福寺の大乗院門跡尋憲は十五日、多聞山城の光秀に酒肴を添えて使者を派遣し、挨拶する。光秀は「御音信《いんしん》忝《かたじけな》く存じ候。御様躰《ようてい》も承り分け候」と、懇《ねんご》ろに礼を申したという（『尋憲記』）。尋憲は胸を撫でおろしたにちがいない。挨拶がないと難癖をつけてきた前任者たちとは対照的に、光秀の応対がいかにも鷹揚に感じられるのはわたしだけであろうか。あたかも芝居のように、悪玉と善玉が見事に入れ替わる、できすぎ感のある光秀登場の場面ではある。

正月晦日、尋憲のもとに光秀から石原勘左衛門《かんざえもん》なる人物が使者としてやって来た。大乗院が持っている「法性五郎」作の長太刀を拝見したいという申し入れだった。光秀は大和国内で在所を探したところ、大乗院にあることがわかったのだという。尋憲は、その長太刀は現在他所に預けているので、明日取りに来てほしいと返事をしている。

その二日後の二月二日、石原監物《けんもつ》入道なる人物から尋憲の被官に書状が届いた。昨日は筒《つつ》井《い》順慶《じゅんけい》が来訪して慌ただしく、太刀を借りに来ることができなかったため、今日お借りしたいというのである。そこで尋憲は石原の使者に太刀を渡している。監物入道とは、最初の使者勘左衛門の一族だろうか。

太刀はその日のうちに返却されてくる。そこには光秀の書状が添えられていた。「ご門跡様御長刀拝見致し候。驚目《きょうもく》候。大事の御道具に候条、すなわち返し上《のぼ》せ候。かたがた近日参《さん》を以て御礼申し入るべく候」という丁重な礼状である（『尋憲記』）。

この太刀にどの程度の価値があるのかわからない。月末の二十八日、光秀の後任として多聞山城番となった藤孝も、尋憲におなじ長太刀を拝見したいと希望してきた。「これは一度見ておいたほうがいいよ」といったような引き継ぎが藤孝になされたのだろうか。

このように、光秀は初春の奈良滞在を満喫したらしい。正月二十四日には多聞山城に当代随一の連歌師里村紹巴を招き、連歌会を開催して脇句《わきく》を詠んだ（『連歌集　徳善院等百韻外』）。連歌の記録は翌々日にもあって、このときは城内の中坊《なかぼう》にて開催された（『大阪天満宮文庫所蔵連歌集』六）。築城時多聞山（佐保《さほ》山）から麓に移築された天神社を偲《しの》び、光秀が「立かへは霞をうつせ宮はしら」の発句《ほっく》を詠んでいる。この連歌はおもに奈良の人たちとともに催されたらしい。

奈良滞在中、政務に関わる記録がないわけではない。石清水八幡宮《いわしみずはちまんぐう》祠官《しかん》の善法寺氏が借銭の担保に預けていた美濃生津荘《なまづのしょう》年貢について、すでに借用した額の倍にあたる分の年貢を債権者が収納したので、以後の年貢はいままでどおり、善法寺氏への直納とすべき裁決を下している（『石清水文書』）。この文書は二月四日付であり、文中に「今度多聞に至り糺明を遂げるのところ」とあるので、案件が多聞山城滞在中の光秀にもちこまれ、そこで審理されたことがわかる。

この裁決における光秀の立場をいかに考えるべきだろうか。荘園のある美濃というよりも、石清水八幡宮のある山城国内の案件、あるいは山城国内の寺社に関わる案件の担当としてもちこまれたように思われる。光秀がこの時期有していた権限を考えるうえで貴重な史料である。

天正八年四月六日付で、光秀は柏木左九右衛門以下八人の者に対し、「先年多聞以来終《つい》に罷《まか》り出で」なかったことは不届きであり、追放すべきところだが、詫びを入れてきたので赦《ゆる》したうえで所領も安堵するという判物をあたえている（光九六号）。この「先年多聞以来」を、松永久秀が謀叛した天正五年以来とする解釈が高柳光壽以降なされているが、これは光秀が「先年多聞山城にあって以来」、つまり天正二年のこのときを指すのではあるまいか。

宛てられている柏木以下八人は、山城の南に位置する賀茂荘の地侍たちと推測されており、右の年次でよければ、光秀は多聞山城在番中、上山城の武士たちを信長のもとに帰順させるような役割も負っていたことがうかがえる。

ここまで何度か言及したが、城番の後任は藤孝である。交替の正確な日付はわからないものの、後述する連歌の記録などから二月十七日以前と推測される（『連歌合集』『天正二年春日祭遂行』）。

東美濃危機の背後にて

光秀が多聞山城城番を務めていた頃、岐阜にあった信長に危機が迫っていた。元亀三年（一五七二）十二月に三方原《みかたがはら》の戦いにて織田・徳川軍を破った武田信玄は、その後病魔に冒され、翌元亀四年四月に病没した。これによって武田軍は撤退を余儀なくされた。しかし、信玄の跡を継いだ勝頼が翌天正二年（一五七四）正月に攻勢に出たのである。武田軍は東美濃に侵入し、明知城（岐阜県恵那市）を落とすことに成功した。岐阜の信長は嫡男信忠とともに二月五日に出陣したが、山深い地であったため思うような作戦を展開できず、東美濃の一部を奪われたまま、二十四日に馬を岐阜に返した（『信長記』）。

危機にあった美濃に向け、城番を藤孝に引き継いだ光秀が加勢することはあったのだろうか。高柳光壽は、東美濃に赴いたので城番を藤孝に交替したと指摘しているが、実際のところはどうなのだろうか。

二月十八日、多聞山城の藤孝のもとに、光秀から「信長陣の様躰」を知らせる書状が到来した（『尋憲記』）。東美濃出身とされるので、土地勘がある光秀が援軍に駆けつけた可能性はある。土田將雄によれば、書状が届いた前日の十七日、藤孝は紹巴たちと連歌会を興行した記録があり（「細川幽斎の文学事蹟 補訂」）、連衆《れんじゅ》に光秀は見られない。また二月のどこかの時点で坂本におり、賀茂別雷神社（上賀茂社）から板物《いたもの》（芯に板を用い平たく畳んだ唐織物）を贈られている（『賀茂別雷神社文書』天正二年二月分錯乱方職中《さくらんかたしきちゅう》算用状）。

以上のことから光秀は、坂本などに戻って信長からの一報を受け取り、それを奈良に伝えたか、あるいは美濃から藤孝に知らせたか、いずれかの可能性が考えられる。城番は光秀・藤孝・勝家とほぼひと月交替になっているので、藤孝への交替は当初の予定どおりだったかもしれず、交替と光秀の美濃出陣に因果関係を見ることは慎重でありたい。

その直後の三月末、信長は奈良を訪れ、多聞山城に入って、そこで東大寺正倉院に蔵されている名香蘭奢待《らんじゃたい》を拝見し、一部を切り取った。柴田勝家・丹羽長秀ら主立った家臣も連れていたが、光秀はそこに含まれていない（『信長記』）。光秀はやはり信長とは一緒にいない。

その後五月まで、光秀の活動を示す史料が確認できなくなる。この間、藤孝が四月頃に中川清秀らと河内に出陣したと『綿考輯録』にある。この時期の河内出陣は光秀も同陣しているのが普通だが、宇土家譜にこの記事はなく、詳細はわからない。

六月には、天皇から、伊勢神宮に関わる諸案件の処理を担当する役職・神宮伝奏《てんそう》を務める公家・柳原資定《すけさだ》を介して、村井貞勝に対し、伊勢神宮仮殿《かりどの》遷宮の経費を京都中の寄附で賄うことに協力するよう要請が出された。京都において寄進を募るうえで、都市の治安を預かる所司代に届け出がなされるのは当然だろう。

六月十七日、天皇からの文書（女房奉書《にょうぼうほうしょ》）と資定の書状を持参した使者が貞勝と面会したところ、彼は問題ないという返答であった。ところが光秀から待ったがかかった。少し時期尚早で、しばらく様子をみたほうがいいのではないかと光秀が意見を申してきたので、一決しなかったという（『資定卿記』）。このとき光秀は京都にいたのだろう。ちなみにこの頃信長は遠江高天神《たかてんじん》城危急の報を受け、徳川家康を支援するため三河・遠江方面へ出陣中であった。

七月に入ると、四日に里村紹巴興行の連歌に藤孝らとともに参加する。この連歌は宇治橋の造替《ぞうたい》を祝ってのものであった（『松井文書』）。六日には、坂本城に預けられていた藤孝の兄三淵藤英とその子秋豪《あきひで》の父子が自害する（『年代記抄節』『寛政重修諸家譜《かんせいちょうしゅうしょかふ》』）。ふたりは義昭の挙兵に呼応して将軍御所に籠もっていた。八日には、尾張の商人伊藤宗十郎が尾張・美濃の商売役を納めるにあたって、坂本の町人たちにそれに関わる命令を出している（中京大学所蔵『伊藤文書』・光四九号）。

また、賀茂別雷神社が正月におこなう重要な神事である御棚会《みたなえ》の経費を賄うため、周辺の賀茂六郷に賦課している御結鎮銭《みけちせん》や、六郷の内大宮郷の用水、また貴布祢《きふね》山について何か問題があったらしく、同社では二月から九月にかけ、京都や坂本にいた貞勝・光秀へたびたび使者を遣わしている（『賀茂別雷神社文書』天正二年二月・四月〜九月分各職中算用状）。彼らの権力に頼る必要があったのだろう、六月には光秀に対し帯五筋を贈ったことがわかる。

これら五月から七月に至る光秀に関わる史料を見ると、彼は京都近辺や坂本にあって、信長家臣としての務めを果たしていたと考えることができる。

苦難の摂津・河内攻め

高天神城救援に失敗し、六月二十一日に岐阜に戻った信長は、翌月十三日、伊勢長嶋の一向一揆を攻めるため出陣した。『信長記』を見ると、信長の麾下は信忠以下美濃・尾張衆中心の編成である。降伏してきた一向一揆勢を殲滅《せんめつ》するという凄惨な結末を迎えた長嶋攻めは、九月いっぱいまでかかっている。

光秀はこの長嶋攻めにも参加していない。というのも、七月下旬から十月頃にかけ、摂津中島城（大阪市）に籠もる一向一揆攻めを皮切りに、河内へと転戦する軍勢のなかにあったからである（図2-1）。

まず、荒木村重を将とする軍勢が中島城を攻め、多くの損害を出しながらこれを落とし

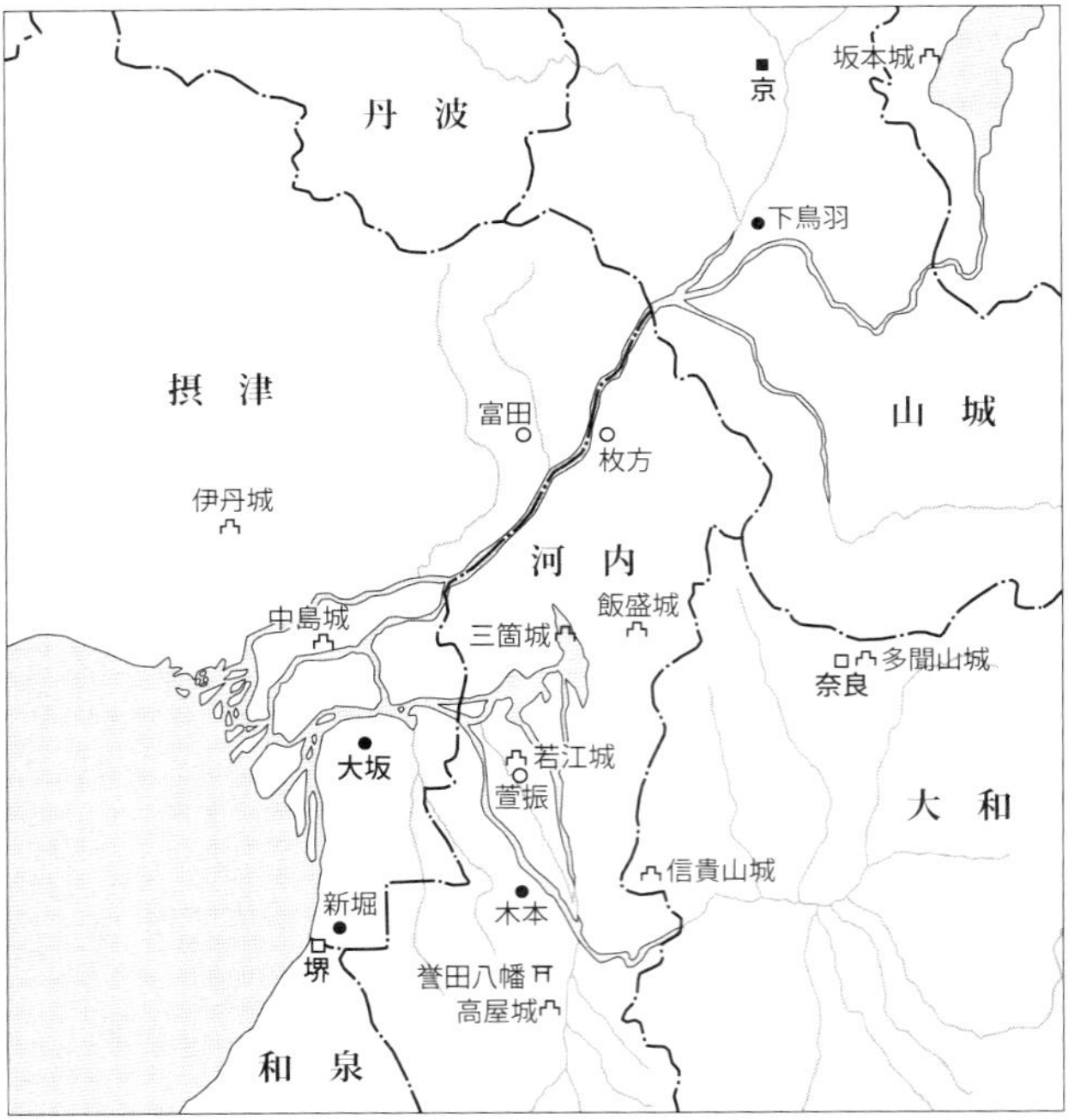

図2-1　摂津・河内周辺地図（八尾市立歴史民俗資料館・平成13年度特別展図録『久宝寺寺内町と戦国社会』5頁所収の図をもとに作成）

たのは七月二十日のこと（信四五九号・『多聞院日記』）。光秀は二十七日頃、その後方、鳥羽のあたりに在陣し、戦況を信長に報告していた。光秀が二十七日に信長に送った書状が「つぶさに候えば、見る心地に候」という具体的な内容であったことは、またあとで触れることにしよう。信長からは摂津伊丹城攻めの指示などをあたえられている（信四六三号）。

三十日には藤孝の軍勢が河内三箇《さんが》城（大阪府大東市）付近で敵勢と交戦し、これを撃退したが（信四六四号）、このように摂津の一揆勢は織田軍に攻撃を仕掛けてくることがあり、簡単に片づく相手ではなかったことがうかがえる。そういうときは応戦して、最終的に大坂本願寺を追いつめるべく光秀と相談して進めるようにと信長は藤孝に指示した（信四六五号）。藤孝にはくりかえし光秀と相談して進めよと伝えているので（信四七〇号）、光秀が摂津方面の織田軍における主要な立場であったことを推測せしめる。

彼らは九月には河内に入り、十八日に飯盛《いいもり》城下で相手と戦った。藤孝は信長に近い人物に対して次のように報告している（『細川家文書』）。

織田軍が十八日に若江方面へ移動中に二万の一揆勢から攻撃を仕掛けられた。先勢が佐久間信盛・塙安弘・筒井順慶、後備《あとぞなえ》が光秀・藤孝であったが、飯盛城下で一戦を交えて七〇〇〇から八〇〇〇人を討ち取った。翌日、玉櫛《たまくし》堤から高屋《たかや》方面（地理的には高屋の北）の六段《ろくたん》（反）・木本辺（大阪府八尾市）を放火し、そのまま萱振《かやぶり》城に攻め入って多くを討ち取ったという。ただし藤孝勢も「手負い余多」と多くの損害を出した。

右にあるように、河内攻めの軍勢中に佐久間信盛の名がある。信盛は長嶋一向一揆攻めに加わったなかにも名があった(『信長記』)。『年代記抄節』によれば、信盛・信栄《のぶひで》父子は九月九日に上洛し、十六日に河内へ入ったとされる。まだ長嶋は落着していないから、途中で河内へ派遣されてきたのである。

十月九日、上賀茂社では光秀らに陣中見舞《みまい》として銭を贈っているが、光秀が一貫文なのに対し、信盛と藤孝は半分の五〇〇文である(『賀茂別雷神社文書』天正二年十月分錯乱方職中算用状)。神社の利害に関わる光秀を重視したのだろうか。

ところで、河内攻めにおける目的のひとつは、本願寺に味方する三好康長が籠もる高屋城にあったようだ。光秀以下、織田軍の諸将が連署して、紀伊の根来《ねごろ》衆に協力を求めた十月二十日付の文書には、翌二十一日に高屋方面への作戦を開始するので、二十三日には高屋の南まで来てほしいとある。このとき光秀と一緒に署判したのは、塙直政・蜂屋頼隆・羽柴秀吉・丹羽長秀・柴田勝政・長岡(細川)藤孝・佐久間信盛の七将(光五一号)。また彼ら八人は、二十九日付で河内の誉田《こんだ》八幡社に宛て境内での乱暴狼藉停止を命じている(光五二号)。

このうち、蜂屋・丹羽両人も長嶋攻めのなかに見える。秀吉の動向はわからないものの、信盛以下、長嶋攻撃軍からかなりの人数が割かれて河内へ差し向けられたことがわかる。ここで述べてきた七月以降の摂津・河内攻めは相当の苦戦だったことが予想されるのである。

十一月十四日に淡路入道某に宛てた書状のなかで光秀は、相国寺光源院から村井貞勝に対して何らかの申し入れがあったことについて、帰陣したら貞勝と相談して善処することを伝えている（光五三号）。そこでは四、五日のうちに撤兵することを述べている。上賀茂社は十一月下旬頃光秀に対して「御帰陣の御礼」一貫文を贈っているので、撤兵にもやや手間取ったのかもしれない（『賀茂別雷神社文書』天正二年十一月分錯乱方職中算用状）。

ちなみに高屋城は、後述するように翌天正三年四月、信長みずから率いた軍勢の前に開城するから、結局このときは城を落とすまでには至らなかった。

しばしの休息

いま触れた光源院の申し入れからもわかるように、光秀は、摂津・河内へと転戦しているあいだにも、これまでどおり京都とその寺社に関わる申し入れの処理のような職務は断続的にこなしていたようである。

たとえば十一月には、醍醐寺三宝院《さんぼう》から、不知行となっている門跡領の回復を信長に取り次いでくれるように申し入れがあったり（『醍醐寺文書』）、十二月二十一日には、上賀茂社の社領について、信長が出した朱印を保証する連署状を貞勝とともに出している（光五四号）。

さて、信長は九月末に長嶋一向一揆攻めから岐阜に帰陣したあと、しばらく岐阜にあって、鷹狩《たかがり》などを楽しんだ（信四八七号など）。光秀も居城坂本城にあってしばしの休息を楽しみ、英気を養っていたことを示す史料がある。旧著（『戦国おもてなし時代』）でも触れたできごとだが、ここでもあらためて紹介したい。

閏十一月二日、光秀は坂本城において藤孝・紹巴らを招いて連歌会を催した（『大阪天満宮文庫所蔵連歌集』二）。前書に「船中のご参会、酒宴に及ぶ」とあるので、酒を酌み交わしながら、琵琶湖に船を浮かべての遊興だった。発句を藤孝が、脇を光秀が詠み、紹巴が第三を付けた。次のような句である。

大舟の雪にしつけき堀江哉《かな》　藤孝
氷《こお》る汀《みぎわ》や遠きさゝ浪　光秀
村千鳥《むらちどり》啼行《なきゆく》月のかけ更《ふけ》て　紹巴

藤孝は、招いてくれた光秀と坂本城に敬意を表して、湖に浮かべた「大舟」にしんしんと雪が降りかかる湖上の閑雅な情景を賞美した。光秀はそこに聞こえてくる湖の「遠きさざ波」の音を重ねた。紹巴は群れなす千鳥たちの鳴声をさらに加えた。句の世界のなかで、無音の状態から徐々に音を重ねてゆく三人の連携は見事というほかない。ちなみに太陽暦（ユリウス暦）にすると、閏十一月二日とは一五七四年十二月十五日にあたる。

この連歌の挙句《あげく》（最後の句）「霞に明《あく》る門《かど》の出入」を詠んだ自然丸《じねんまる》とは、光秀の子息である。天正九年正月十一日、堺の豪商にして茶人の津田宗及《そうぎゅう》が、坂本城において光秀の茶会に招かれたとき、「日然殿（自然殿）」から子宗凡が小袖を賜ったことを記している（『天王寺屋会記』宗及他会記）。

河内高屋城・本願寺攻め

年が明けた天正三年（一五七五）は、五月二十一日に長篠《ながしの》の戦いがあった年である。武田方に勝利することによって、信長は、義昭に従い上洛してから一貫してめざしていた〝天下静謐〟に大きく近づくことになった。後述するように、光秀は長篠の戦いには参加していないが、その直後、おそらくこれがきっかけのひとつとなって丹波入国を命ぜられ、信長家臣として最大の職務にあたることになる。

丹波のことは第五章で触れる。ここでは、彼がそうした仕事を任されるに至る長篠の戦い以前の天正三年前半における活動をたどってみることにしよう。

この時期は、ここまで述べてきた京都・公家に関わる職務を引きつづき担当している。貞勝とともに、洛中洛外に所在する寺社本所《ほんじょ》領に対して押妨した代官の改替をするよう信長から命ぜられたり（正月十日、『壬生文書』）、山城清涼寺で営まれた千部《せんぶ》経《きょう》読誦《どくじゅ》のあいだ喧嘩などを禁止する禁制を出したりした（二月十三日、光五五号）。また、岐阜の信長から天皇に進上されてきた鶴を御所に献じる使者も務めた（二月六日、『御湯殿上《おゆどののうえの》日記』）。

信長は三月三日に上洛する。この直後から、四月六日に河内高屋・大坂に向け出陣するという陣触《じんぶれ》を出していた（『於曾《おそ》文書』、拙稿「織田信長にとっての長篠の戦い」）。実際信長はこの日出陣するが、率いる軍勢は一万とも二万とも言われた（『宣教卿記《のぶのりきょうき》』『大外記《だいげき》中原師廉《もろかど》記』）。『信長記』（池田家本）になると、「五畿内尾・濃・江・勢州・若州・丹後・丹波・播磨・根来《ねごろ》寺四谷の衆」を合わせ十万余とされている。そこまでは大げさかもしれないが、大軍であったことは間違いないようだ。

前年この高屋方面の攻撃を担当していた光秀も、このとき出陣する。三日から四日にかけ先遣隊が出陣しており、そのなかに二千の兵を率いた光秀も含まれていた（『兼見卿記』）。長篠の戦いでは、先陣は地元の国衆が務めるという慣習にもとづき、徳川軍が担当した

（『信長記』）。このときの河内攻めにおいては、天正元年以降のいきさつから、光秀がそうした立場であったのかもしれない。

織田軍は八日に三好康長が籠もる高屋城攻めを開始し、これを取り囲んだまま、信長本隊は天王寺に入って大坂本願寺に迫り、近辺の苅田《かりた》をおこなっている。周辺に築かれた本願寺方の出城を攻略するなど、いくさは終始優勢に推移する。最終的に康長が降伏し、高屋城を明け渡したことをもって、これ以上攻めることはせずに二十一日に帰洛した（『信長記』）。

このときの高屋・本願寺攻めでは、出陣した記事以外、光秀の動向は史料からはまったくわからない。信長の指示で動いた将として、『信長記』には佐久間信盛・柴田勝家・丹羽長秀・塙直政の名が見えるから、光秀はやはり先遣隊（別働隊）として、信長本隊から離れたところで作戦をおこなっていたとおぼしい。

藤孝のばあい、『信長記』にも記事のある和泉新堀《いずみしんぼり》要害攻めに軍功をあげたと『綿考輯録』（および宇土家譜）にある。光秀もこちらに加わっていた可能性がある。

本願寺攻めに先がける三月二十二日、信長は藤孝に対し、「来秋」の本願寺攻めに備え、「合城」構築のため、丹波船井《ふない》・桑田両郡の侍を動員して忠節を尽くすように命じた（信五〇一号）。この藤孝への命令は、長篠の戦い後に光秀が命じられた丹波入国とどのように関わるのだろうか。この疑問も第五章で考えてみたい。

長篠の戦いと光秀

いま述べたように、信長は「来秋」（天正三年秋）の本願寺攻めを考えていた。四月の攻撃はその下準備とみなすことができよう。高屋や新堀など本願寺の南に位置する諸城を攻略し、苅田をするだけで、本格的な攻撃はせずに兵を返した。このとき信長の耳には、三河における武田勝頼挙兵の知らせが届いていたと思われる。

四月二十八日に岐阜に帰った信長のもとに、おそらく家康から三河の危急が報じられ、五月十三日、信忠とともに出馬した。その後二十一日に起きた長篠の戦いについては、ここでは深く触れない。光秀はこのときどうしていたのだろうか。

光秀が長篠の戦いに出陣したとする説もあるが、良質な史料には光秀の名が見られないこと、また、この時期光秀と一緒に動くことの多い藤孝も参陣せず、後方から信長に対し鉄砲などの支援をしていたことから、出陣していないと考える。それを裏づける史料として、『兼見卿記』天正三年五月二十四日条がある。

戦いの三日後にあたるこの日、吉田兼見は坂本城に光秀を見舞に訪れている。そのとき光秀から「今度三州表の儀信長より明智に対し仰せ上《のぼ》さるる御折紙」を見せられた。信長は合戦当日、戦場から藤孝にその報告をした書状を出しているが（信五一一号）、光秀に対しても同様の書状を出したのだろう。光秀・藤孝らは、信長率いる織田軍主力（長篠の戦いには、信盛・勝家・長秀・秀吉といった面々が参陣している）が三河に赴くなか、一段落したばかりの本願寺方面の警戒のために、畿内にとどまったとみられる。

ちょうどその頃、薩摩・大隅の戦国大名島津義久の弟家久が、伊勢神宮参詣のため上洛していた。このときの日記『中務大輔家久公御上京日記』が残されている（東京大学史料編纂所所蔵）。家久一行は四月下旬に京都に入り、連歌師里村紹巴の弟子心前《しんぜん》の家を宿所とした。

そのような縁もあってか、五月十四日、紹巴にともなわれ、志賀一見の旅に出かける。志賀方面は、京都からそこに入る道すがら、また着いてからの琵琶湖周辺など歌枕が多く、連歌に親しんだ家久にとって憧憬の地のひとつであったようだ。たとえば、近江へと越える中山（山中のことか）茶屋で休んだとき、三十六歌仙の一人凡河内《おおしこうち》躬恒《みつね》がかつて志賀の山越のさい「山河に風のかけたるしがらみは流れもあへぬ紅葉なりけり」（『古今和歌集』）と詠んだとされる場所を見物したりしている。

近江に入った一行を出迎えたのが、坂本城主光秀から遣わされた家臣たちである。連歌をとおしてむすばれた光秀と紹巴の仲はすでに述べたとおり。家久たちは坂本に宿をとった。そこに光秀から船が差し向けられ、船上で酒宴をしながら坂本城周辺を案内されている。

翌十五日、紹巴の案内で所々を見物したあと、宿に戻って休んでいたところに、光秀から坂本城に招きがあった。家久が躊躇していたら光秀自身「麓」までやって来て、そこで茶湯や酒宴を愉しむことになった。このとき第一章でも触れた朝倉兵庫助が座に加わっている。

そのさいの座興として、家久は「よし巻とて、水海の鮒・鯉・むつ・はへなとを蘆の中へ紐にてよせ、軈《やが》て竹あめるす（簾）をまろ（丸）くたて、其《その》中にて魚をくみあけ」るという遊びを見せられる。現在も琵琶湖周辺でおこなわれている簗漁《やなりょう》を簡便な仕掛けで手軽にやれるようにしたものだろうか。

ところが光秀は、「織田との（殿）東国の陣立《じんだち》の程なれは、なくさみのかたには如何《いかが》候とて（信長が東国に出陣しているさなか、娯楽のやり方としてどうなのだろうかと考えて）」、参加していない。主君がいくさに出ているあいだ、自分たちが遊んでいることに後ろめたさでも感じたのだろうか、主君を思いやる彼の人間性をうかがうことができる。こうした光秀の態度からも、長篠の戦いの背後で畿内の留守を預かっていたことを裏づけられよう。

これら光秀の家久に対する意を尽くしたおもてなしについては、旧著『戦国おもてなし時代』でも触れたので参照されたい。

越前一向一揆攻め

長篠の戦いでの大勝利は、天下人信長をめぐる政治情勢を変え、信長の軍事戦略に大きく影響した。東方における当面の敵であった武田氏に大損害をあたえたことにより、これまでほど武田氏を警戒する必要がなくなったからである。翌六月、光秀が丹波入国を命ぜられることになり、彼の運命も大きく変わった。時機からみても、長篠の戦い勝利と無関係ではないと思っている。

ただ、このとき光秀はじっくり腰を落ち着かせて丹波攻めにあたることはできなかった。八月にすぐ越前攻めを命ぜられたからだ。これも長篠の戦いとまったくの無関係ではなさそうである。それまで友好関係を保っていた越後の戦国大名・上杉謙信との関係が、長篠の戦い直後からこじれかかってきたのである（柴裕之「織田・上杉開戦への過程と展開」・拙著『織田信長　不器用すぎた天下人』）。

越前には天正元年に朝倉氏を滅ぼしたあと、守護代として朝倉氏旧臣の前波吉継《まえばよしつぐ》が置かれ、信長方についた国衆たちに統治を委ねていた。しかし彼らに対立が起こり、それに乗じて一向一揆の軍勢が同国を支配下に置くことに成功した結果、情勢が不安定になっていた。これに備えるため、天正二年には、羽柴秀吉が、近江を経て越前敦賀郡から南条郡《なんじょう》へと通じる木目峠《きのめ》（福井県南越前町）に砦を拵え、そこに麾下の樋口直房を配したところ、直房に裏切られてしまう。

そこにきて長篠の戦い直後の謙信の不穏な動きである。四月に本願寺を牽制し、五月に武田氏に打撃をあたえた機会に、〝天下静謐〟のため、越前を一気に取り戻そうと考えたのだろう。

『信長記』によれば、越前攻めは次のように展開した（図2-2）。

八月十二日、信長は越前に向けて岐阜を出発、十三日に秀吉の支配領域内にある浅井氏の旧城小谷に宿した。このとき秀吉から全軍に兵粮《ひょうろう》が支給された。そして十四日、家臣武藤舜秀《むとうきよひで》の居城敦賀に入った。ただし光秀は、この日はまだ坂本にいたようである（『兼見卿記』）。

一向一揆は、加賀衆も合わせ、木目峠から北陸道沿いにかけての虎杖《いたどり》・鉢伏《はちぶせ》・今城《いまじょう》などの城に籠もり、国内への敵の侵入を防ぐとともに、沿岸にあらたな城を築いて海からの攻撃にも備えた。十五日、強い風雨のなか、越前牢人衆を先手として三万余騎の織田軍が南条郡へ攻め入った。このなかに惟任日向守の名がある。前日すぐに越前に向け発ったのであろう。光秀は、前月に惟任（維任）の名字と日向守の官途名乗りをあたえられている。

前述のように、木目峠を越えた先の北陸街道には一揆勢が要害を構えていたためか、織田軍は水軍による海上からの援護も交え、敦賀から海岸沿いの「大良越《だいらごえ》」で進軍したらしい。その先頭を進んだのが、光秀と秀吉だった。ふたりは天正元年に朝倉氏を滅ぼした直

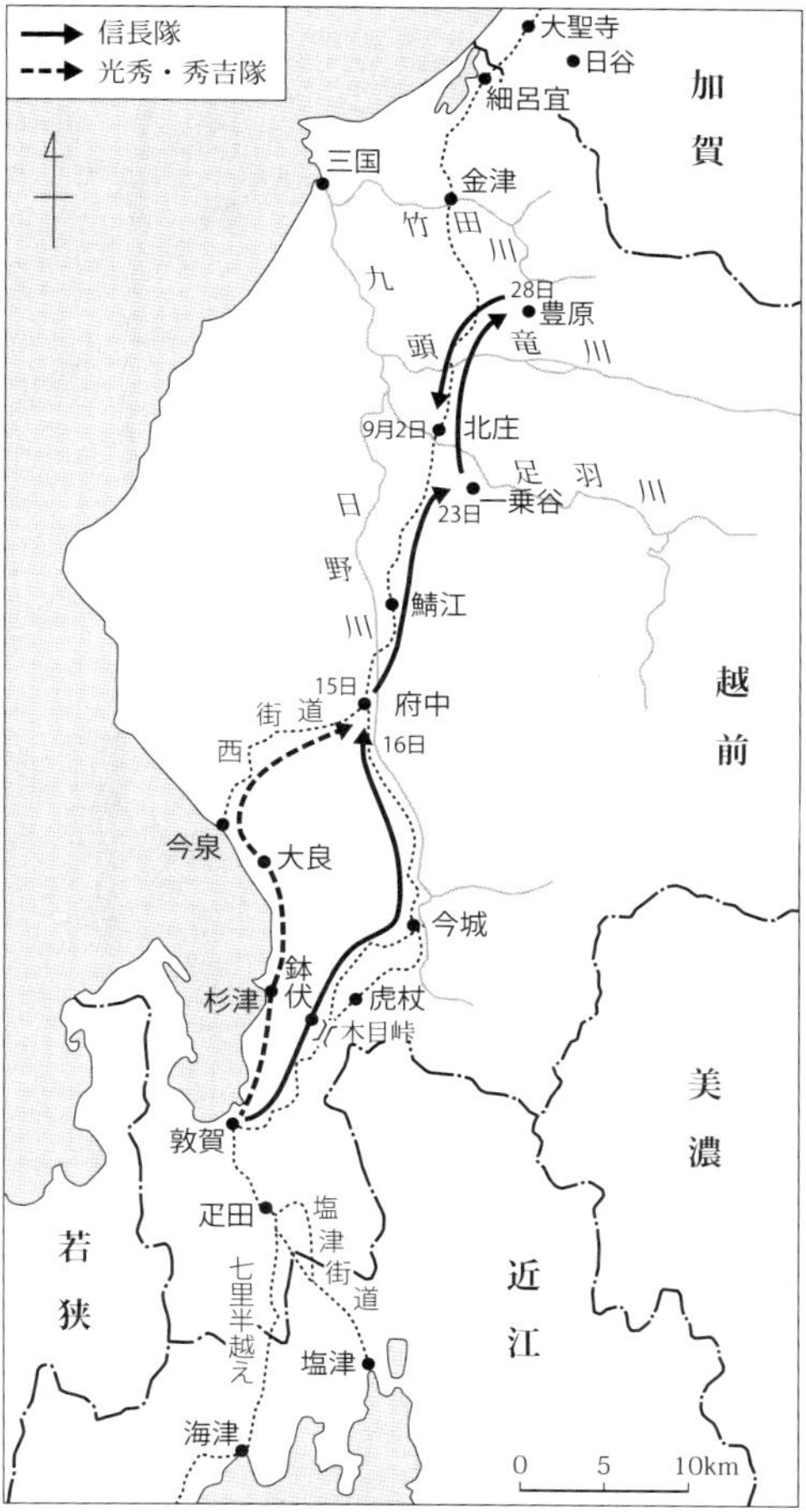

図2-2　越前地図（『福井県史』通史編２中世、817頁所載地図を加工）

後、ともに越前の戦後処理にあたった経験があった。さらに秀吉は、越前に接する近江浅井郡・伊香《いこう》郡の領主であるうえに、樋口直房の苦い失敗もあった。前述のように、兵粮を用意するなど、このとき秀吉が大きな役割を果たしたのはよくわかる。

いっぽうの光秀のばあい、いかなる理由で先駆けとなったのだろうか。むろんいくさに長けていたという点は十分条件であろうが、これとあわせ、先の戦後処理の経験や、かつて義景に仕えて越前にあったことも理由に数えられるかもしれない。

さて、大良越で進軍してきた織田軍に対し、大良（福井県南越前町）や海岸部を守っていた円強寺《えんきょうじ》・若林長門守らが防戦したものの、光秀・秀吉の軍勢は彼らを蹴散らし、十五日の夜には、一揆の将三宅権丞《ごんのじょう》が籠もっていた府中龍門寺《りゅうもんじ》（福井県越前市）に迫ってこれを奪取した。木目峠などにあった一揆勢はたまらず府中めざして撤退してきたところ、光秀・秀吉らはこれを迎え撃って、府中にて二千余人を討ち取ったという。

信長は翌十六日に、ふたりが陥落させた府中龍門寺に陣を移した。このときふたりからいくさの様子を聞いたのだろう、翌日付で京都にあった村井貞勝に宛て戦果を知らせている（信五三三号）。そこには、『信長記』よりやや具体的にふたりの戦いぶりが記されている。

それによれば、木目峠から攻めれば一揆勢はそのまま府中に逃げこむだろうから、光秀たちは浜手《はまて》（海岸沿い）を進軍し府中にて待ち構えることにした。秀吉も前年、木目峠を奪われた遺恨があるので、光秀と相談して二手に分かれ、夜中に待っていたところ、案の定、府中に一揆勢が落ちのびてきたため、町にて一五〇〇ほどの頸を斬り、近辺で討ち取った者とあわせ、都合二千余を斬ったというのである。「府中町は死かい（骸）計《ばかり》にて、一円あき所なく候」という有名な一節がこの書状にある。光秀・秀吉軍はここで徹底した殺戮をおこなった。

その後は信長率いる本隊が、織田信雄・同信孝・同信包《のぶかね》ら一族衆に原田直政・滝川一益がついた部隊と、氏家直通・武藤舜秀の部隊、柴田勝家・惟住《これずみ》（丹羽）長秀の部隊などに分かれて越前国内に展開し、信長は二十三日に一乗谷《いちじょうだに》（福井市）、二十八日に豊原（福井県坂井市）へと進んで、一向一揆を討ったあとの越前国内の仕置をおこなった。この結果、越前の大半が柴田勝家にあたえられた。

越前から丹後・丹波へ

光秀・秀吉ら先駆けの軍勢はその後どうしたかといえば、二十三日に加賀南部まで侵入したようである（光六〇号・第四章の【書状3】）。『信長記』には、加賀能美《のみ》郡・江沼《えぬま》郡まで信長の支配下に入り、大聖寺《だいしょうじ》と檜屋《ひのや》（日谷、いずれも石川県加賀市）に城を拵えて別喜《べっき》右近（簗田広正）以下を配したとある。九月二十五日付の光秀書状によれば、「加賀国代官職《しき》の儀仰せ付けられ」たとあるので（光六三号）、ここでも彼は一時的に加賀の戦後処理を任されたとみられる。

その後、光秀は休む間もなく丹後へ向かうように指示されたと『信長記』にはある。丹後の旧守護家である一色義道がこの年四月に上洛し、藤孝にともなわれ信長に拝謁している（『宣教卿記』）。義道は越前攻めで丹後衆として従軍し、戦後丹後一国を信長からあたえられたという。光秀は丹波攻めに携わる立場から、一色氏を丹後に落ち着かせる役割を任されたのかもしれない。

越前在陣中に光秀が丹波の小畠《こばたけ》永明に宛てた書状に、八月二十一日時点で「これより直に丹後へ相働くべく候」（光六〇号）とあり、また九月には「来る二十一日丹波出張候」（光六一号）とあって、丹後経由で丹波へと向かったことがわかり、右の『信長記』記事が裏づけられる。もっとも、二十三日には帰津《きしん》した（坂本に帰ったという意味か）というので（光六三号）、丹波在国も一時的だったようである（ちなみにこの書状には「越州より」帰津したとある）。その後天正三年は坂本などにあったとみられる。

以上、本章では、義昭が京都を退去した天正元年七月から、越前一向一揆を討った同三年九月頃までの光秀の活動を見てきた。足かけ六年の期間を追いかけた第一章に対し、足かけ三年、正味約二年の活動を述べるためにほぼおなじ紙数を費やしたが、これにはそれなりの理由がある。

本章で取りあげた時期に重なる天正二年から三年なかばまでという期間は、わたしが同僚とともに東京大学史料編纂所にて日本史の編年史料集『大日本史料』の史料編纂を担当した範囲にあたる。それゆえに緻密に光秀の活動痕跡を跡づけることができた。

でも、そのようなわたしの個人的事情だけではない。ちょうどこの期間、光秀は村井貞勝とともに都市京都の行政に携わり、また朝廷・公家に関わる仕事をこなした。そのいっぽうで、大和や摂津・河内など畿内における軍事指揮官としても重要な役割を果たし、越前攻めでも秀吉とともにめざましい活躍をした。さらに、信長が支配下に置いた越前や加賀の戦後処理にも能力を発揮した。これらのことが、信長が安土城に移り、天下人としての畿内支配を展開するなかで、丹波攻略や「近畿管領」をゆだねられたことへとつながっていったと思われる。

加えて言えば、大和での滞在中、また天正二年閏十一月における紹巴・藤孝らとの連歌、また翌年の島津家久に対するもてなしなど、光秀の遊興に関わる史料が豊富に残されていることにより、それらが彼の戦国武将としての生活を見たときに彩りを添えていることも大きい。

むろん信長やほかの信長家臣たちも、いくさばかりに明け暮れていたわけではなく、光秀同様、平穏な時間はあって、その暮らしのなかで彼らなりの楽しみはあったはずである。ただ、光秀のように、そのようないくさ以外の暮らしぶりがわかる史料が比較的多く残されていることはめずらしい。そうした彼の動と静、忙と閑の様子を活写できた本章の期間は、残された史料から明らかになる、わたしたちが知ることのできる信長家臣としての彼の本質が凝縮されているように思う。

第三章

明智光秀と吉田兼見

左／従二位兼見卿霊夢像、右／従二位兼右寿像（2点とも國學院大學所蔵写真〔宮地直一コレクション〕）

明智光秀と吉田兼見をむすぶ細川藤孝

本章では、京都北郊にある吉田神社の神主である公家・吉田兼見の日記『兼見卿記』を素材に、彼の日記から知ることのできる明智光秀との交友、また光秀の人となりやその行動について見てゆきたい。兼見はもともと諱《いみな》を兼和《かねかず》と称していたが、天正十四年（一五八六）の後陽成《ごようぜい》天皇（和仁《かずひと》親王）の即位により、天皇の諱を憚《はばか》り、名を兼見とあらためた。本書のここまでもことわらずにそうしていたが、本書での呼称は、混乱を避けるため兼見の名で統一する。

兼見、ひいては吉田家と光秀との関わりがいつからあったのかは不明である。光秀が義昭に仕えたのであれば、彼らの上洛後、すなわち永禄十一年（一五六八）以降ということになろう。もともと室町幕府の足軽衆であったなら、さらにさかのぼる可能性もある。光秀と吉田家につながりが生じるきっかけとなった人物は、ある程度推測できる。それは細川藤孝ではないかと思われる。

まず兼見・藤孝・光秀をめぐる略系図（図3-1）を掲げておく。藤孝の実父は室町幕府奉公衆三淵晴員《はるかず》、生母は朝廷において明経道《みょうぎょうどう》の官人として学問を主導した清原《きよはら》氏（のち舟橋氏）の生で、彼女の父は、室町時代後期公家社会における碩学《せきがく》として知られる清原

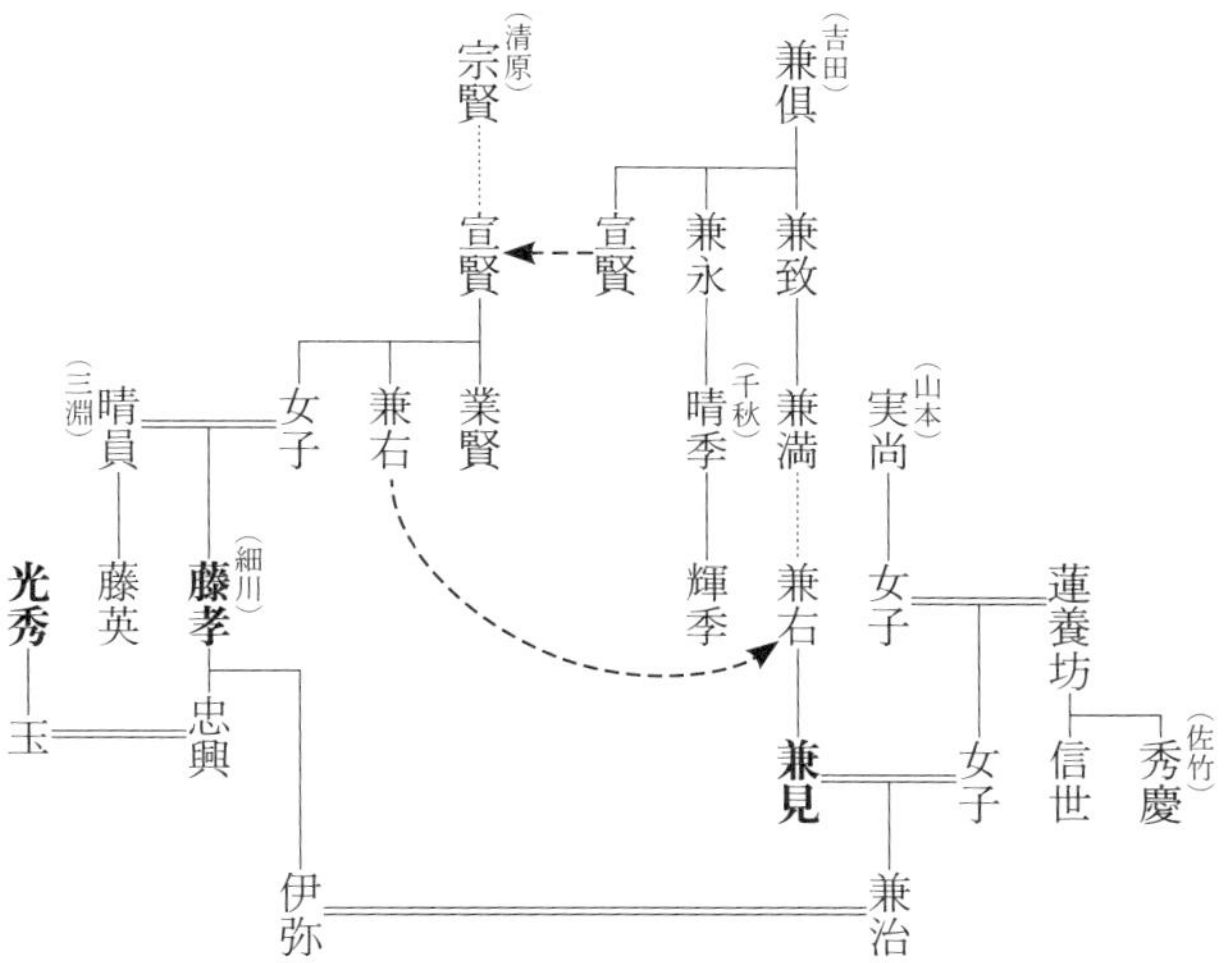

図3-1　兼見・藤孝・光秀をめぐる略系図

宣賢《のぶかた》である。宣賢は、吉田神道を興した吉田兼倶《かねとも》の三男として生まれ、清原家に養子に入った。

　この宣賢の次子として生まれ、兼倶嫡孫兼満の出奔《しゅっぽん》を受けて一〇歳で吉田家を継いだのが兼右《かねみぎ》であり、兼見の父にあたる。兼右もまた神道・古典などに通じ、兼右没後の信長による発言を借りれば、「文学に達し、惜しむ人なり」（『兼見卿記』元亀四年四月一日条）と評されるような、学殖の深い人物であった。

　まわりくどくなったが、つまり、藤孝の母と兼見の父がきょうだいなので、藤孝と兼見は従兄弟同士にあたる。藤孝は天文《てんぶん》三年（一五三四）、兼見は翌四年生まれと年齢も近い。これはのちのことになるが、藤孝息女伊弥《いや》と兼見嫡男兼治《かねはる》が結婚するなど、家同士のむすびつきも強い。また『兼見卿記』を見るかぎり、おたがい気が合ったらしく、晩年に至るまで親交がつづいた。奇しくも慶長十五年（一六一〇）に相次いで没している。藤孝は八月二十日、兼見は九月二日であった。

それはともかく、藤孝と光秀との関係は、第一章で見たとおりである。越前滞在中にふたりが近づいたのであれば、藤孝を介して光秀と吉田家が親交をもつようになったと推測してもよかろう。

兼右は元亀元年（一五七〇）、兼見に吉田家の家督を譲り、隠居した。『兼見卿記』は兼見が家督を継いだこの年六月からの分が残っている。光秀の名前は、その元亀元年からすでに登場する。初出は同年十一月十三日条である。この日、光秀は吉田を訪れ、「石風呂」を所望したので兼見はそれをふるまっている。

第一章でも触れたように、このとき光秀は吉田にほど近い勝軍山城にあった。その後、兼右をともなって同城に帰った。同月二十一日にも兼右は勝軍山城の光秀陣所に泊まっているから、兼見と光秀の仲というより、当初は兼右と光秀とのあいだに親交があったようである。

石風呂とは蒸し風呂の一種で、岩穴をくりぬいたり、石造にした密閉空間に蒸気を籠もらせ、蒸気浴をする風呂だという。サウナということか。吉田家の風呂には藤孝らも入りに来ることがあって、その筋では知られていたようだ。光秀は二十三日の朝にも吉田の石風呂に入りにやって来ており、兼右・兼見父子が光秀を迎えている。

このような書き方から推せば、少なくとも初出の十一月十三日以前から、光秀と吉田家は懇意な関係にあったと考えられる。

吉田家と光秀・藤孝

兼右を中心とした吉田家と、光秀との関係がわかる記事をもう少し見てゆこう。

元亀二年正月六日、光秀からの年始の使者が吉田にやって来た。これに対して、二十一日に兼右が光秀を志賀（宇佐山城）に見舞った。この記事は、光秀が宇佐山城にあったことを示す史料上の初見である。二月十九日には、光秀から吉田家に人足派遣の依頼があった。兼見は二五人の人足を派遣している。宇佐山城の普請などがおこなわれていたのかもしれない。

この年十二月、毛利輝元《てるもと》が安芸《あき》の厳島《いつくしま》神社を造替したので、その遷宮の儀式を執りおこなうため、兼右を招いた。兼右はこれに応じ、十一月二十七日に吉田を発ち、翌月二十一日に厳島に到着した（『兼右卿記』。『兼見卿記』では出発を二十八日とする）。このとき兼右は五六歳。高齢者の長旅を心配した面々が「今般の御下向無用なり。近日もってのほかの老衰なり」と出発を思いとどまらせようとした（十一月二十八日条）。

兼右を説得するため吉田にやって来たのが、藤孝とその兄三淵藤英、および光秀であった。藤孝兄弟は親類だからわかるが、そこに光秀も加わっているところに、藤孝と光秀、そして吉田家の関係がよくわかる。結局、すでに約束してしまったことだからと兼右は出発し、翌年二月頃に帰ってきたらしい。兼右は光秀が坂本城へ移ってからもそこに赴くなど（元亀三年六月五日条）、交友はつづいた。

このような吉田家との関係から、信長家臣としての光秀は、吉田家に対して気づかいを示すこともあった。

元亀三年三月三日、光秀より、信長が十四日か十五日頃上洛し、本能寺に宿泊するという情報が兼見にもたらされた。兼見はこれに感謝する返事を出している。このとき信長は十二日に上洛し、妙覚寺に宿した。光秀情報とは微妙に異なるが、それは問うまい。信長上洛の報を受けた兼見は、さっそく妙覚寺に出向いて信長に挨拶している。このときの奏者が光秀であった。

もとより兼見が信長に面会するとき、いつも光秀が媒介するわけではない。たとえばこの年五月四日に、兼見が枇杷《びわ》を信長に贈ったとき、披露したのは木下秀吉である。

権力者信長につながる光秀や藤孝との関係を吉田家でも存分に利用しようとした。兼見の妻の実家である蓮養坊《れんよう》は、山門ともつながりのあった洛北の土豪であったが、その知行地が山門領であったため、光秀に接収されてしまったらしい。そこで兼見は、藤英・藤孝兄弟の書状を添えて光秀に陳情した（元亀三年九月十七日条）。

ところが、このような兼見の努力もなかなか実をむすばなかった。十月二十四日には、この件で兼見は藤孝や藤英嫡子三淵秋豪と面会している。どうやらこの件では、彼らに加えて里村紹巴にも口添えを依頼していたらしい。光秀につながるあらゆる縁故を活用しようとしたようだが、日記中に「この間明智存分なり」とあるのは、光秀も自分の考え（山門領としての没収）を頑として譲らなかったのだろうか。柴裕之はこの事例から、山門領の急進的な支配を進める光秀の姿を見てとっている。

もちろんいっぽうで、光秀が兼見のために協力を惜しまないこともある。天正七年二月に起きた吉田家小姓与次《よじ》の出奔事件が好例である。この事件については、藤井譲治や長谷川弘道・小和田哲男・鈴木将典《まさのり》らが注目しており、両者の関係を示すよく知られたできごとと言える（藤井『新修大津市史3』・長谷川「明智光秀の近江・丹波経略」・小和田前掲書・鈴木「明智光秀の領国支配」）。

二十二日、兼見と「譜代契約」をむすんでいた小姓与次が逐電《ちくでん》した。翌日兼見は、光秀が在京しているというので、契約文書と饅頭をもって挨拶に出向き、この件を光秀に相談した。与次は近江滋賀郡雄琴《おごと》（滋賀県大津市）の出身で、そこは光秀の領内にあたった。光秀はこれを聞き、曲事だからすぐに対応しようと約束した。与次が雄琴に逃げ戻った可能性があるということなのだろう。二十四日には、雄琴に捜索を命じるので、吉田から雄琴に向かう者一人を出してほしいという要請があった。光秀の対応は早い。

結局ほどなく与次は見つかり、三月十五日に雄琴の代官らが吉田家に連れてくる。彼らは、今回は与次を許してやってくれと言ってきた。翌日兼見は、丹波にいた光秀に礼のため使者を派遣している。

藤井はこの事件を通して、「光秀の在地支配が、ごくわずかの期間に逐電したものを探索しえるほどまでに完備していたこと」に注目しているが、ここでは、藤井がもうひとつ注目した点である「光秀と兼見の親交の深さ」に目を向けたい。兼見の頼みだからということも考えられる捜索への迅速な対処に加えて、吉田家が雄琴の者を召し抱えたことも、その地の支配者光秀との縁があったかもしれないからである。

与次はその後、吉田家へ帰参を許されたらしく、この年十一月かとみられる与次宛の書状が残っている（遠藤珠紀・金子「兼見卿記自元亀元年至同四年記紙背《しはい》文書」）。差出人は光秀家臣明智秀慶《ひでよし》（佐竹宗実《むねざね》）の被官小野盛治であり、丁寧な文面で与次に接している。秀慶は後述するように兼見の妻のきょうだいにあたり、山城高野《たかの》の佐竹氏に出自がある。その被官が与次と書状をやりとりする前提に、与次が光秀領内出身であったことを考えれば、吉田家に与次が仕えたことに光秀が関わって（ひょっとしたら光秀の推挽によって）いたという可能性もあろう。

吉田接収騒動の不思議

このように、信長家臣・近江滋賀郡領主としての立場と、日頃親交のある友人としての立場から兼見に接していた光秀だが、どちらの面に重きをおいてみればよいのか、一種不可解なできごとがひとつある。

元亀四年七月、将軍義昭が信長に対して挙兵し、南山城の槇嶋《まきしま》城に籠もったときのことである。これを攻めるため、信長は兵を率いて上洛し、九日、妙覚寺に入った。兼見は翌日妙覚寺に出向いて信長に挨拶した（奏者は藤孝）。義昭が去ったあとの将軍御所は三淵藤英が守っていたが、柴田勝家の説得により御所を明け渡し、伏見に退いた。なお藤英はその後、光秀の坂本城に預けられ、翌天正二年、子の秋豪とともに自害する。

これによって主《あるじ》を失った将軍御所は掠奪《りゃくだつ》の対象となり、建物は壊され、その資財を持ち出す者が横行した。兼見は、吉田郷の者たちがそこに加わることを厳しく禁じている

（七月十三日条）。

さて、十四日早朝のことである。吉田に突然、柴田勝家・木下秀吉・滝川一益・丹羽長秀・松井友閑《ゆうかん》ら織田家家臣の面々がやって来た。何事かと兼見が目的を訊ねると、吉田社のある吉田山を信長の屋敷にすればいいのではないかと光秀が信長に進言したので、主君の命でその下見にやって来たのだという。

不安になる兼見を前に、巡視した彼らは「なかなか御屋敷になりがたし。安堵すべき」ことを言ってきたので、兼見はひと安心し、一行に小漬《こづけ》をふるまった。兼見は彼らに「俄《にわか》の体《てい》面目を失う」由を申したという。面目を失うとは、名誉を傷つけられる、評判を悪くするという意味だが、このばあいは「突然だったので驚いて我を失った」程度に考えればよいだろうか。

翌日、兼見は吉田の南に位置する岡崎郷に陣取っていた石原監物に酒肴を携えて見舞に赴いた。石原といえば、第二章で触れたように、翌年の天正二年初頭、光秀が奈良多聞山城にあったとき、太刀借用をめぐって光秀の家臣として大乗院門跡に書状を出した人間である。光秀近臣に対する御機嫌伺いだろうか。その後、信長陣所の妙覚寺にも参上した。

光秀本人は二十三日夜に供の者五十余人を連れて吉田にやって来て、一泊している。ただし、そこで先の吉田接収騒ぎについて何か会話が交わされたかどうかはわからない。

図3-2　吉田神社南参道の登り口（著者撮影）

吉田神社のある吉田山は禁裏御所から賀茂川を渡った東方約二キロメートルの独立丘陵であり、洛中を見渡せる絶好の地理環境ではある（現在はその麓に京都大学吉田キャンパスがある）。けれども、これまで親交の厚かった吉田家の不利益になるような、兼見を慌てさせるような提案を光秀がことわりもなしにおこなうだろうか。

吉田山を信長に提供することが吉田家にとってもよかれと考え、吉田家のためを思ってそう提案したのか、そんなことはまったく考えず、家臣の立場で純粋に信長の屋敷地として適していると判断し提案してしまったのか。光秀の心中はどうも測りかねる。

その後、光秀と兼見の関係がぎくしゃく

したようにも見受けられないから、この接収騒動がふたりの関係に悪影響をおよぼしたわけでもなさそうだ。実現しなかったから、兼見もそれ以上、文句を言わなかったこともあるだろう。実力者光秀と絶縁するようなことは吉田家にとって決して得ではないと判断し、堪えたのかもしれない。

義昭攻めという軍事的かつ政治的な非常事態のなか、光秀のひと言により、まかり間違えば強制的に吉田が信長に接収されかねない危機があった。しかし、このできごとをめぐる光秀の真意と兼見の本心は、日記本文からも、行間からも残念ながら伝わってこない。

『兼見卿記』にみる光秀の城

第一章・第二章や本章のここまでの叙述からも、『兼見卿記』は光秀を語るうえで重要な史料であることがわかるだろう。『兼見卿記』には、ほかの同時代史料のみならず、後世編まれた記録類からでも、なかなかわからない光秀が築いた城に関する情報も提供してくれる。

父兼右が、光秀のいる勝軍山城や宇佐山城を訪れているように、兼見も年始などさまざまな機会に光秀の城を訪れている。その訪れたときの記録が、光秀の城を知る貴重な手がかりになる。

元亀三年（一五七二）閏正月には、坂本城普請中の光秀を兼見は見舞っている（閏正月六日条）。十二月に訪れたときには、「城中天主作事《さくじ》以下悉《ことごと》く見せらるなり。驚目しおわんぬ」と、坂本城天主の普請工事を案内されている（十二月二十四日条）。驚いたとあるのは、その壮麗さに、ということだろうか。閏一月から十二月に至るまで、坂本城普請がつづいていることがわかる。

翌年六月に訪れたときには、「天主の下に小座敷を立つ。移徙《いし》の折節下向祝着」と歓迎された（元亀四年六月二十八日条）。小座敷とは、茶道で四畳半より狭い座敷のことをいう。天主付近に独立した茶室でも新築したのだろうか。「移徙の折節」とあるので、ちょうど落成したばかりだったとみえる。

坂本城の普請は天正八年（一五八〇）にもあったようである。前年の天正七年に長く手こずっていた丹波・丹後の平定を果たし、光秀にゆだねられていた信長家臣としての任務がとりあえず一段落していた頃でもあった。

兼見は閏三月十三日、光秀配下の細川清孝《きよたか》より、この日から坂本城普請が始まるという情報を得ている（同日条）。嫡子兼治をともなって普請の見舞に出かけたのは二十八日のこと。「普請大惣《たいそう》驚目しおわんぬ」と感想を記している（同日条）。甚だしく驚いたのか、普請が大がかりであることに驚いたのか。

このとき建てられていた具体的な建物はわからない。天正十年正月二十日に兼見が坂本城を訪れたとき、「小天主」において対面し、茶湯と夕食を饗されたとある。もともとあった天主（大天主）に加え、あらたに作られた付櫓《つけやぐら》がそれに該当するのかもしれない。もっとも逆のばあい（あとから大天主が作られ、もともとの天主が小天主と呼ばれる）もあろうが。

京都における吉田社の位置をみてもわかるように（後掲図3‐3参照）、兼見はもっぱら坂本城に光秀を訪ねてゆくことが多い。丹波には平定直後に一度赴いている（天正七年十月十一日〜十四日条）。このとき光秀は「加伊原《かいばら》」（柏原、兵庫県丹波市）に新城の普請中であった。

十三日の未明、光秀に暇乞いをせず帰洛の途についたところ、光秀から使者があって留められた。その後光秀自身、兼見のもとにやって来て対面し、お土産に鮭五匹をもらって別れたという。調べてみると、柏原のある氷上《ひかみ》郡を流れる加古川の源流では、現在もサケ科の陸封魚《りくふうぎょ》であるアマゴが捕れるとのことで（丹波市観光協会ホームページ）、ちょうどこの時期に産卵のため川を上ってきたところを捕獲された地元の鮭を兼見に贈ったのだろう。光秀の心配りの一面が透けて見える記事である。

光秀と兼見の血縁・地縁

『兼見卿記』には、光秀の血縁者に関わる記事もあって興味深い。

元亀三年、兼見のもとに光秀から書状が届いた。美濃にいる「親類」が、山王社《さんのう》の敷地にあらたに城を築いた。ところがそれ以降調子が悪くなったので、祈念をしてほしいというのである。兼見は翌日さっそく祈念して「山王敷地安鎮《あんちん》」の鎮札《ちんさつ》をあつらえている（十二月十一日・十二日条）。ここからは、光秀には美濃に親類がいることがわかる。光秀が美濃出身であることを推測させる重要な記事である。それとともに、その親類が城を築くというしかるべき立場にあったこともわかる。

光秀の妻の実家が妻木家であることは、『綿考輯録』（巻九）に書かれてある。細川忠興の正室玉（ガラシャ）の母が妻木勘解由左衛門範凞《かげゆさえもんのりひろ》の娘だというのである。後述するように『兼見卿記』にも光秀室が登場するが、出身が妻木氏であることは別の箇所から判明する。

天正七年（一五七九）四月十八日に、「惟向州妹《こうしゆう》」の妻木が伊勢参宮するにあたり、月水《がつすい》のことについて兼見に尋ねている。また同年九月二十五日には、「惟任姉」の妻木が在京中なので兼見が挨拶に出向いたという記事がある。

このふたつの記事に登場する姉と妹は妻の姉妹なのだろうが、実際光秀の義姉と義妹なのか、同一人物である女性を姉・妹のように両様に書いてしまった（すなわち、どちらかは誤り）のかはわからない。兼見は、光秀の妻の姉妹とのあいだでも神事に関わる質問を受けたり、行き来がある仲であることがわかるのである。

早島大祐によると、信長近くに仕えていた女性に「御ツマ木殿」と呼ばれた女性がおり、彼女は光秀の妹だったという（「「戒和上昔今禄」と織田政権の寺社訴訟制度」）。妹ということであれば、『兼見卿記』にみえる伊勢参宮について訊ねてきた女性にあたるだろうか。

さて、吉田家と光秀は、血縁者を媒介にするだけでなく、地縁でもむすびついていた。吉田から近江坂本に出るための山中越《やまなかごえ》付近の土豪たちは、もっぱら坂本城主光秀の配下にあった。染谷光廣は、光秀に属していた土豪について検討している。そこでは、磯谷《いそがい》氏（近江滋賀郡山中）、渡辺氏（山城愛宕《おたぎ》郡田中）、山本氏（同郡岩倉）、佐竹氏（同郡高野）の諸氏があげられている（「織田政権と足利義昭の奉公衆・奉行衆との関係について」）。

このうち佐竹氏は、兼見室の実家である（図3-1参照）。渡辺一族の重（出雲守）・昌（宮内少輔）兄弟の母もまた兼見室の姨（おば）にあたる（天正十三年四月二十八日条）など、吉田家と地縁・血縁でつながっていた。

磯谷氏のばあい、光秀は久次の子息千代寿の名づけ親となり、彦四郎の名をあたえてい

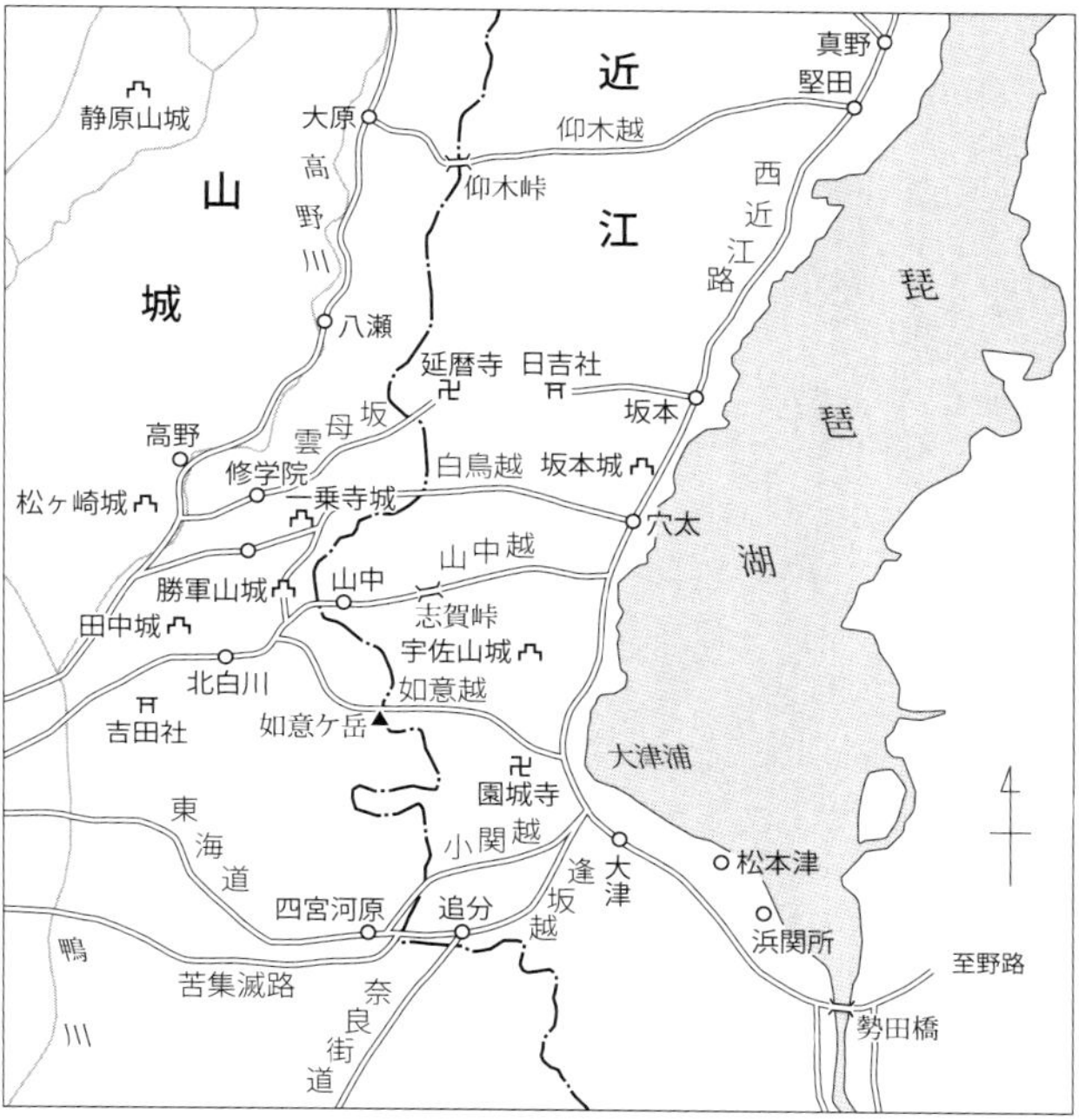

図3-3　山城・近江地図（今谷明『言継卿記』・谷口研語『明智光秀』・『新修大津市史２』所載地図をもとに加工）

る。いっぽうで、兼見と瀬田の山岡景佐《かげすけ》が烏帽子《えぼし》親となり、彦四郎の元服の儀が執りおこなわれた。彼らは擬制的な親子関係になったわけである。元服を祝う宴は、兼見・景佐の烏帽子親のほか、山本実尚・蓮養坊・渡辺兄弟ら五十余人が出席する盛大なものであった（元亀三年十一月十五日〜十七日条）。なおこの祝宴の記事に光秀の名は見えない。

ところが第一章で触れたとおり、山本氏・渡辺氏・磯谷氏らは、元亀四年二月に義昭が信長と対立したとき、義昭方について一斉に光秀に叛し、彼を苦しめることになる（元亀四年二月六日条）。後日、山本実尚の館は光秀の攻撃を受けた（同年七月二十三・二十四日条）。前述した蓮養坊と光秀との対立に見られるように、彼らは光秀に無条件に臣従するわけではなく、何かきっかけがあったら簡単に離反してしまうような脆《もろ》い紐帯《ちゅうたい》によってむすびついていただけだったのかもしれない。

先の与次の件でも登場した、蓮養坊の息で、兼見室のきょうだいでもある佐竹出羽守宗実（明智秀慶）もまた、当初は光秀とのあいだに何らかのもめごとを抱えていたようである。元亀三年以前、廿日銭《はつかせん》という役銭の問題で、光秀と宗実双方に「御存分」があり、その仲裁に藤孝・藤英兄弟が入っている（『前田育徳会尊経閣文庫所蔵武家手鑑』所収十一月二十二日付藤孝書状）。また宗実は光秀との「懸け組み（争い）」の儀について柴田勝家に訴え出ている（同前十一月十九日付勝家書状）。

『兼見卿記』にはなぜか書かれていないのだが、右に述べた山本氏らの離反のとき、高野の蓮養坊佐竹一族も荷担《かたん》した可能性がある。七月七日付で宗実に対し光秀が、「御帰参」の見返りにあらたな所領をあたえることを伝えた文書がある（光四八号）。『明智光秀 史料で読む戦国史』では天正二年かと推定しているが、義昭が京都を離れ、槇嶋に移った直後にあたる同元年の可能性もある。このとき宗実は信長・光秀側に降ったのかもしれない。

その後、宗実をはじめ、彼の弟左近允《さこんのじょう》信世・弥吉たちは光秀に従い、丹波攻めなどでも働いた。宗実はその功もあってか、「明智」の名字と「秀」の諱を許され、明智秀慶と名乗った（中脇聖《まこと》「明智光秀の「名字授与」と家格秩序に関する小論」）。『兼見卿記』では、天正七年九月三日の記事にてはじめて彼を明智（本文の表記は「明出」）と呼んでいる。

兼見室のきょうだいであり、光秀家臣でもある佐竹兄弟は、細川藤孝とならび、光秀と兼見をむすぶ重要な存在であった。

光秀の大病

光秀の妻が『兼見卿記』に登場するのは、光秀が大病を患ったときのことである。このあたりの経緯を見てゆこう。

光秀は天正三年から四年にかけ、丹波攻めに力を注いでいた。しかし氷上郡の国衆荻野《おぎの》直正《なおまさ》の籠もる黒井城を攻めていた四年正月頃、多紀郡《たき》八上《やがみ》城の波多野秀治《ひではる》が叛旗を翻したため、一時丹波から退かざるをえなかった（第五章で再述）。

態勢を立て直し、二月頃ふたたび丹波に出陣した光秀だが、その後いったん坂本に戻り、四月には本願寺攻めのため河内へ出陣した（天正四年四月十六日条）。大和守護でもあった原田直政が五月三日に討死するような本願寺との激戦で、天王寺砦にいた光秀らは一向一揆勢に取り囲まれるなど苦戦する（同年五月四日条・『信長記』）。

一揆勢を撃退して情勢を落ち着かせたあと、直政没後の大和国の支配を筒井順慶にゆだねることを伝える使者の一人が、光秀であった。光秀は十日に大和へ入り、これを伝達したようである（『多聞院日記』）。ただ、その後すぐ天王寺に戻り在陣していたことは、兼見がそこに見舞に赴き、対面していることから判明する（五月十三日条）。

ところがその直後、光秀は病の床に臥《ふ》したようである。兼見がそれを知ったのは二十三日のことで、京都にあって医師曲直瀬道三《まなせどうさん》の治療を受けていた光秀を訪ねている。「もってのほかの所労《しょろう》により帰陣」とあるので、重い病気であったと思われる。これまでの研究では、右に見てきたような連戦の疲れが病を引き起こしたと推測されている。

翌二十四日、光秀の妻から兼見に対し、病平癒の祈念をしてほしいという依頼があった。兼見は、禍《わざわい》を移して禊《みそ》ぎ祓《はら》うための撫物《なでもの》について、書付で指示している。二十六日にはふたたび彼女から兼見に連絡があった。それによれば、信長からもお見舞の使者があったという。

公家山科言継は六月十二日、その日記のなかに、「明智十兵衛尉（維任日向守と号す）久しく風痢《ふうり》煩い、明暁死去、坂本へ行くと云々」と、光秀が病没したという噂話を書きとめている（『言継卿記』、図3-4の▼の行）。病状は風痢とあるが、激しい腹痛をともなう下痢の症状を示すのが痢病だから、風邪が重篤化し胃腸をこわすような病気だったのかもしれない。病のことが日記に見えてから約二〇日の長きにわたったうえ、主君信長がわざわざ見舞を遣わしたり、死亡説まで流れたりするほどの大病だったということだろう。

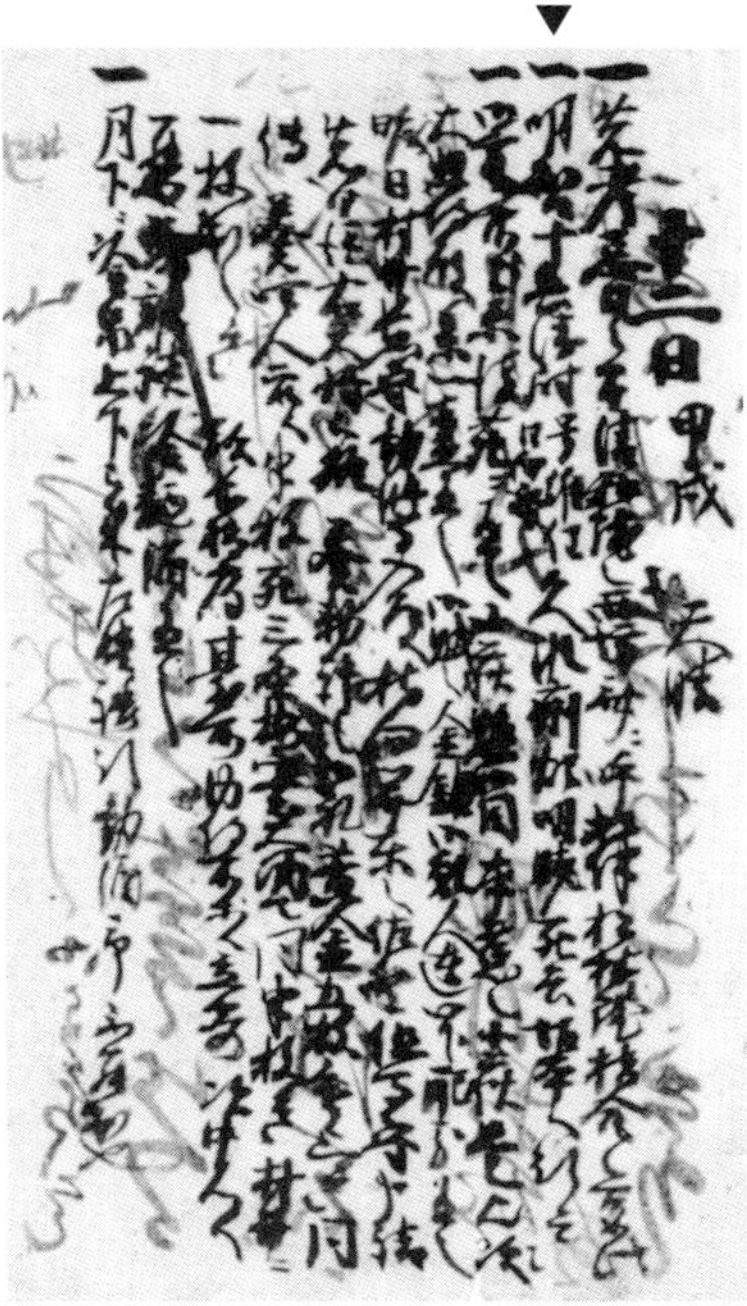

図3-4　『言継卿記』天正４年（1576）６月12日条（京都大学附属図書館蔵［寄託資料］）

言継が日記に死亡説を記した翌日の日付で、

丹波の国衆小畠永明に対して出した書状の原本が最近見つかった（光一四四号・第四章の【書状4】）。詳しくは次章で紹介したいが、それによれば、だんだん持ち直してきてまもなく全快するだろうと書かれている。死亡説が流れた頃には、書状を出せるほど容態は快方に向かっていたことがわかる。

光秀は天正九年正月頃にも患っていたらしいが、それは次の話題で触れることにしよう。『兼見卿記』には、光秀だけでなく、彼の妻の病気についての記事もある。光秀が大病を経験したその年の十月、今度は妻が病気になった。

十月十日に、光秀から、妻の病気に対する祈念の依頼があった。兼見はすぐに祈念した祓《はらい》や守《まもり》を持参して見舞っている。やはり京都で療治していたようだ。彼女は二十四日には回復して、兼見は光秀から礼として銀子一枚を贈られた。光秀は、病床にあった妻を看《み》るため京都に滞在していたのだろうか、兼見は二十七日と十一月二日にも見舞に出向いている。自身や妻の病気にあたり、吉田神社神主たる兼見は頼りになる友人であった。

馬揃えをめぐる光秀と兼見の関係

いま、天正九年正月にも光秀が患っていたと書いた。このときちょうど信長周辺では、京都における「馬揃《うまぞろ》え」の開催に向け、その気運が盛りあがっており、光秀はその奉行に指名されたのだった。

事の起こりは年頭までさかのぼる。信長は馬廻《うままわり》（旗本衆）たちに、爆竹を用意し、思い思いの派手な装束で十五日に集まるように命じた。正月十五日は左義長といい、青竹に扇などをむすびつけて焼く禁中行事があり、その年の息災を祈る行事として民間にも浸透した。現在でも、門松や注連縄《しめなわ》、お守などを燃やすどんど焼きと呼ばれる風習として残っている。

さて十五日、安土では、黒の南蛮笠に赤の衣装を身につけ、虎皮の行縢《むかばき》を穿いて蘆毛《あしげ》の馬にまたがった信長を先頭に、一族衆や馬廻たちが思い思いのいでたちで身を飾って参集した。早馬《はやうま》を一〇騎、二〇騎ずつ走らせ、爆竹に火をつけて囃《はや》し立て、馬を駆けることを楽しんだという（『信長記』）。この騒々しく派手な催しは、おそらく、長らく敵対していた本願寺と前年に和睦したことへの祝意がこめられているのではないかと思われる。

そうした噂を耳にした朝廷では、ぜひ京都でもこれを開催してほしいと信長に要請した。信長はこの要請に応じ、京都でも開催すべく、その奉行を光秀に命じたのである。『信長記』には、「京都にて御馬揃なさるべきの間、おのおのおよぶほどに結構仕《つかまつ》り、罷り出づべきの旨、御朱印をもって御分国にお触れこれあり」としている。

このとき出された光秀宛の信長の朱印状が、写しのかたちで複数伝わっている。日付は正月二十三日。「お触れ」とあるので、写しがいくつも作られ、諸方に伝達されたゆえであろう。長くなるが全文を読み下して引用したい。

先度は爆竹諸道具こしらえ、殊《こと》にきらびやかに相調《ととの》え、思いよらずの音信、細々の心懸け神妙に候。然《しか》らば重ねて京にては切々《せっせつ》馬を乗り遊ぶべく候。自然に若やぎ、思い思いの仕立《したて》あるべく候間、その方の事は申すにおよばず、畿内の直に奉公の者ども、老若ともに出づべく候。その方請取り、これを申し触るべく候。京都において陣参《じんさん》仕らる公家衆、また只今信長に扶持《ふち》を請け候公方衆、その外上山城《かみやましろ》奉公の者ども、残らず内々用意すべき旨申し聞けべく候。大和においては筒井順慶、その外国侍《くにざむらい》取次直《じき》参《さん》いたす者ども用意すべき事、尤《もっと》もに候。津国にては高山・瀬兵衛《せべえ》親子・池田、これは子供両人。親は伊丹城の留守居《るすい》たるべく候。多田よりは塩川勘十郎・同橋大夫《きつだゆう》、この両人。河内にては多羅尾父子三人・池田丹後・野間左橘《さきつ》・同与兵衛、その外取次者結城・安見新七郎・三好山城守。これは阿波へ遣わし候間、その用意これを除くべし。但し望むにおいては、覚悟次第乗るべく候。和泉にては、寺田又右衛門尉・松浦安大夫・沼間《ぬま》任世《にんせい》・同孫、その外直参の者ども・根来寺連判《れんばん》・扶持人ども、その外杉坊・佐野一流の者ども用意すべし。次に大坂にこれある五郎左衛門・蜂屋方へもその用意申し送るべく候。若狭よりは武田孫犬・内藤・熊谷・粟屋・逸見・山県下野《しもつけ》出づべく候。これは五郎左衛門申し遣わすべき旨申すべく候。六十余州へ相聞けべく候条、馬《うま》数《かず》多く仕るべく候。その外年寄の後に乗るべき者これあらば申し付くべく候。長岡父子三人、但し兵部大夫は丹後にあらば、よく候。兄弟二人・一色五郎、これも乗るべき旨申し送るべく候なり。

二（正）月廿三日　　御朱印信長

惟任日向守とのへ

（『立入隆佐記《たてりりゅうさき》』、信九一一号の底本と思われる『三宝院文書』とは異同がある）

信長から奉行の命を受けたとき、光秀は患っていたらしい。正月十三日に年始の礼のため坂本に赴いた兼見は、体調がすぐれないという理由で面会をことわられ、礼物を家臣に託して吉田に帰ってきた。二十三日に京都での馬揃えが発令されたあと、光秀は兼見に書状でそのことを伝えたらしい。書状は二十五日に到着し、翌日兼見はすぐ坂本に行き光秀と相談しようとした。ところがこのときも所労により面会は叶わず、家臣を介してやりとりすることしかできなかったのである。

ではなぜ光秀は兼見に馬揃えの開催を伝えたのだろうか。柴裕之も注目する正月二十五日のふたりのやりとりからそれがわかる。

この日の記事中に、「今度信長御上洛ありて御馬汰《うまぞろえ》なり。御分国悉く罷り上るべきの旨、日向守に仰せ付けらるるの条相触るなり。その内公家陣参の衆罷り出でらるべきの旨御朱印なり」と、光秀が奉行を命ぜられたこと、そのなかに「公家陣参の衆」も参加するよう朱印状に書かれていたとある。右に引用した朱印状の傍線部にあたるのだろう。

それを受け、光秀は「予用意すべきかの由」を兼見に伝えた。兼見も参加のための用意をしたほうがいいかもしれないというのである。しかし一緒にもたらされた朱印状の写しを読んでみると、「御分国そのほか公家衆陣参の衆とばかり」あるから、自分は参加の必要がないのではないか。兼見はそう疑問に思い、二十六日にわざわざ坂本へ出向いたのであった。

坂本では、使者を介して、病床の光秀とのあいだに次のようなやりとりがあった。

兼見　御朱印状の文面には、それぞれ参加すべき人が名指しにされている。（自分の名がないのに）無理に参加することに戸惑っております。
光秀　もしかしたらあなたにも命令があるかもしれない。そのときから慌てて準備することはむずかしかろうと心配して申したまでです。

兼見　参加する面々に含まれない以上、準備は必要ないでしょう。第一、準備には大変なお金がかかって、とても工面できないので、万一お声がかかるようなことがあったら、あなたからよしなに計らっていただきたい。

光秀　わかりました。

ここに光秀の吉田家に対する気配りがあらわれている。兼見は「公家陣参の衆」に含まれていないかもしれない。でもあとから、もし「あなたも含まれるので参加しなさい」と言われたとき、そこから準備するのは大変だろうから、あらかじめそうした可能性もあることを伝えたのである。案の定、翌日二十七日、兼見は村井貞勝から馬揃えに出るように告げられた。しかし兼見が、前日光秀に対してことわって了解されたことを伝えたら、貞勝も同心したという。

それから三日後の二月一日、兼見が吉田から京に出ようとしたら、賀茂川のところで光秀とばったり出会った。光秀もようやく体調が回復して京都に出てくることができるようになったらしい。光秀は逆に京都から坂本へ帰るところだったので、兼見はそのまま光秀について引きかえし、途中の白川まで彼を送って行ったが、その間いろいろと話をしたという。

こうした光秀の吉田家に対する行き届きすぎるほどの配慮や、二月一日のふたりの親密な様子を知るにつけ、約八年前に起きた吉田接収騒動とは何だったのか、あらためて不思議に思わざるをえないのである。

馬揃えは二十八日にとどこおりなく挙行された。兼見も衣冠束帯《いかんそくたい》を着して見物するほうにまわった。その五日前の二十三日、藤孝から兼見のもとに書状が届けられた。藤孝・光秀・友閑・蜂屋頼隆が、吉田にある春日馬場で馬に乗りたいと希望してきたのである。馬揃えの予行演習であろう。兼見が承諾すると、後刻、藤孝・光秀以下二百余人が吉田にやって来た。さぞやにぎやかだったのではあるまいか。兼見は彼らに夕食を供している。

以上、『兼見卿記』が残る元亀元年から、馬揃えが開催された天正九年まで、この日記からうかがうことのできる光秀と兼見(吉田家)の関係を時系列と内容にそって見てきた。実は「本能寺の変」が起きた天正十年の『兼見卿記』にも、よく知られるように有名な記事が少なくない。これらについては第六章で触れることにしよう。

第四章

明智光秀の書状を読む

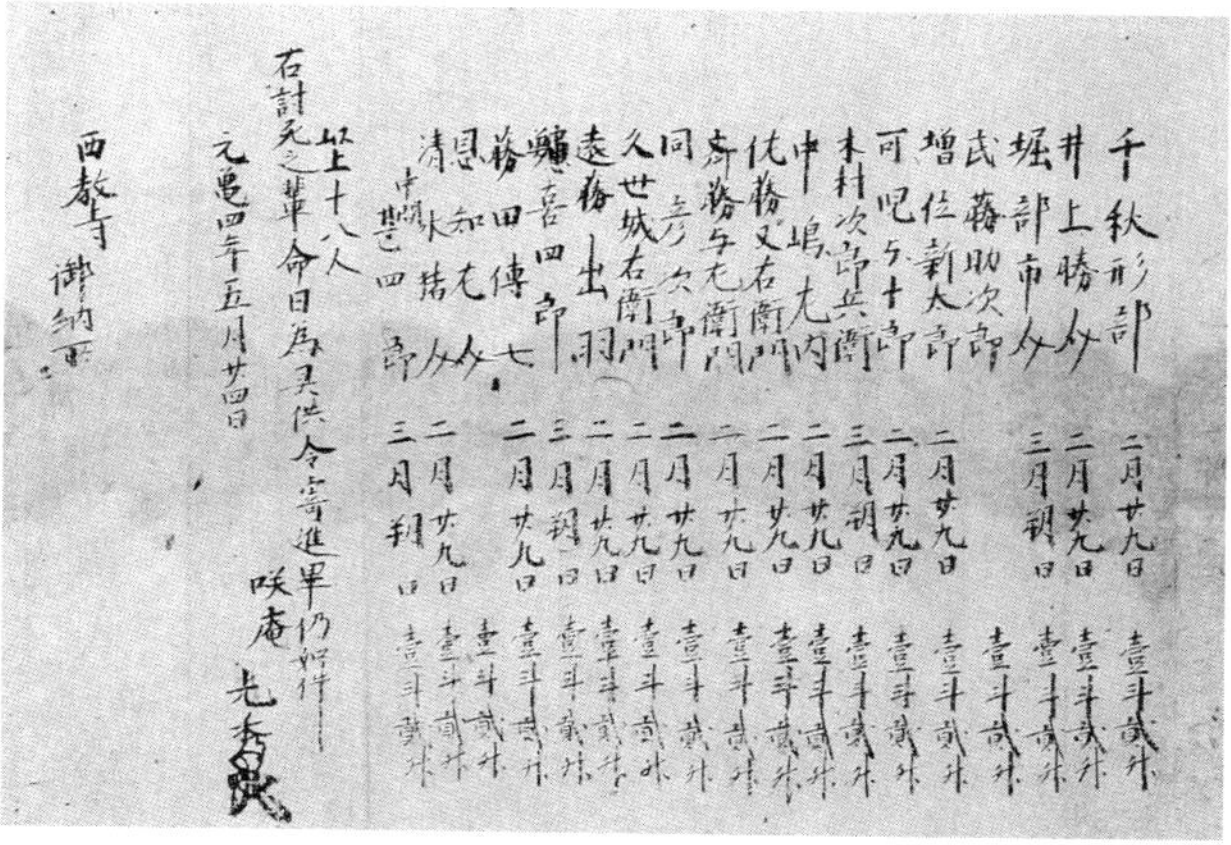
千秋刑部
井上勝介
堀部市介
武藤助次郎
増位新太郎
可児与十郎
木村次郎兵衛
中嶋九内
佐藤又右衛門
斎藤与左衛門
同彦六郎
久世城右衛門
遠藤出羽
鱸喜四郎
藤田伝七
恩知左介
清水猪介
中間甚四郎

二月廿九日 壹斗弐升
二月廿九日 壹斗弐升
三月朔日 壹斗弐升
二月廿九日 壹斗弐升
二月廿九日 壹斗弐升
三月朔日 壹斗弐升
二月廿九日 壹斗弐升
二月廿九日 壹斗弐升
二月廿九日 壹斗弐升
二月廿九日 壹斗弐升
二月廿九日 壹斗弐升
二月廿九日 壹斗弐升
三月朔日 壹斗弐升
二月廿九日 壹斗弐升
二月廿九日 壹斗弐升
三月朔日 壹斗弐升

已上十八人
右討死之輩命日為其供令寄進畢、仍如件
元亀四年五月廿四日 咲庵 光秀（花押）
西教寺 御納所

元亀４年（1573）５月24日付西教寺宛明智光秀寄進状（滋賀・西教寺蔵）

光秀文書の特徴

本章では、明智光秀の書状を何点か取りあげ、それらを読むことを通じて、光秀文書の特徴を知るとともに、そこからうかがうことのできる光秀の人物像を明らかにしたい。

「はじめに」で述べたとおり、光秀の発給文書は、『明智光秀 史料で読む戦国史』に集成され、とても研究しやすくなっている。この史料集は、明智光秀文書研究会や立花京子の仕事を踏まえ、福島克彦・藤田達生が編み、光秀に関する専門的な論文も複数併収した労作である。

同書に収められている光秀文書は一七四通ある。このうち信長家臣ほかと連署したものを除いた光秀単独の文書は約一三〇通を数える。そこから、所領の宛行《あてがい》・安堵や命令執行など行政系文書以外の、情報伝達を主とした、いわゆる私文書にあたる「書状」は、約九〇通。もちろんこの分類は恣意的なものであり、あくまで筆者の判断によっている。

光秀の支配者としてのあり方を知るためには、行政系文書の分析は欠かせない、その方面では鈴木将典の論文があるので、参照していただきたい（「明智光秀の領国支配」）。ここで注目するのは書状系の文書である。これらを通読すると気づくのは、相手のいくさでの負傷や病気を心配して見舞う書状の多さである。

そういう内容ならば、ほかの武将でも同様に書き、残っているのではないか。そう思われるかもしれない。そこで、光秀の同僚たち、おなじ信長家臣の発給文書とくらべてみたい。

現在は、光秀文書同様、研究機関や個人の研究者の努力により、信長家臣の発給文書の研究も進み、研究環境が格段に整備されつつある。三鬼《みき》清一郎の仕事を踏まえ、名古屋市博物館が編んだ『豊臣秀吉文書集』（信長家臣時代は第一巻収録）、功刀《くぬぎ》俊宏・柴裕之が編んだ『戦国史研究会史料集4　丹羽長秀文書集』、柴が編んだ「滝川一益受発給文書集成」である。羽柴秀吉・丹羽長秀・滝川一益、この三者にそうした内容の書状は確認できるのだろうか。

負傷や病気を気づかう書状

比較の前に、右に述べたようなたぐいの光秀の書状三通を紹介しよう。各書状は、『明智光秀　史料で読む戦国史』を底本に読み下したうえで、〈　〉内に現代語訳も示した。

【書状1】革嶋家文書（光二八号）

御家来与惣次《よそうじ》参り候。しからば昨日木戸表御働き、数ヶ所御手《おて》を致さるるの処、当敵《とうてき》討ち取らるるの段、お手柄是非に及ばず候。御手養生専用に候。恐々謹言。
〈あなたの御家来与惣次が来ました。昨日木戸方面でのいくさにて数ヶ所手傷を蒙りながら敵を討ち取った手柄は言うまでもなく素晴らしいです。傷の養生に気をつけてください。〉

二月十四日（元亀四年）　　明十兵光秀（花押）

河嶋刑部丞（革嶋忠宣）殿

【書状2】和田家文書（光四二号、図4-1）

尚々、今度は付城共早速出来《しゅったい》、大慶《たいけい》是非に及ばず候。御精入れ申す故かくのごときの段、満足の至りに候。下々へ能々《よくよく》申し届けらるべき事専用に候。以上。
〈なおなお、このたびは付城を早速作ったこと、これ以上の喜びはありません。力を入れて取り組まれたからこそのことなので、満足しております。下々の者へもよくよくあなたから伝えてください。以上。〉

その表異儀なく候や。御心もとなく候。内々今日見廻《みまい》申すべき覚悟に候処、殿様御用の子細候て、出京候間、その儀なく候。二三日中に罷り越すべく候。申すに及ばず候といえども、番所ならびに通路相留めらるべきこと肝要に候。寒天の時分苦労察せし

図4-1　（天正元年〔1573〕）12月４日付和田秀純宛明智光秀書状（和田文書、大津市歴史博物館寄託）

め候。八木方今に煩い候や。養生候て入《にゅう》誠《せい》あるべき旨申さるべく候。かたがた後音《こういん》を期し候。恐々謹言。

〈そちらの様子は変わりないでしょうか。心配です。内々今日は見舞に行くつもりでおりましたが、殿様から御用を仰せつかり、京都に参りましたので叶いませんでした。二、三日中に伺いたいと思います。言うまでもないことですが、番所と通路を封鎖することが大事です。寒天の時節のご苦労をお察しします。八木はいま病気なのでしょうか。くれぐれも養生するように伝えてください。また後日連絡いたします。〉

（天正元年）十二月四日　明十兵光秀（花押）

和源（和田秀純）　これを進《まい》らせ候。

（＊底本の読み、解釈を一部あらためた箇所がある）

【書状3】小畠文書（光六〇号）

なおもって、今度御出張、殊にお働きの恩賞、存じ寄るほどはあるまじく候えども、何卒《なにとぞ》志《こころざし》をあらわすべく候。馬路《うまじ》・余部《あまるべ》在城の衆へ、そこもと油断なく馳走《ちそう》候えの由申し送りたく候。只今は豊原に在城候。加州《かしゅう》事も大略手間入るまじく候。やがて隙《ひま》を明け、これより直に丹後へ相働くべく候。かの国より直に宇津処へ押し入るべく候。上林《かんばやし》衆より道よく候由申し候。その分に候や。なお示し合わされ、承るべく候。以上。

〈このたびあなたが出陣してくださったことについて、手柄に対する恩賞は思ったほど多くはないでしょうが、どうにか志だけはお示しします。馬路・余部の衆に対し、ぬかりなく協力してくれるよう申し送りたいと思います。現在私は越前の豊原におります。加賀も手間がかからず落ち着くでしょう。すぐに片づけ、ここから直接丹後へ向かうつもりです。丹後から直接宇津の所に攻めこむことにします。何鹿《いかるが》郡の上林衆から、道路の状態がいいと知らせてきました。それでたしかでしょうか。なお今後も連絡を取り合いたいと思います。〉

疵《きず》如何候や。御心もとなく候。それ以後使者をもってなりとも申し入るべき処、遠路につき無音《ぶいん》、誠本意を失い候。能々《よくよく》養生御油断あるべからず候。次にこの表の儀、府中において各《おのおの》御粉骨のゆえ、数多《あまた》討捕り、これにより一国平均に属し候。明後日（二十三）加州へ相働き候。これまたかの国面々降参せしめ、迎えのため罷り出で候条、即時平均たるべく候。旁《かたがた》帰陣の刻《きざみ》、参駕《さんが》を企て、申し出づべく候。恐々謹言。
〈傷の具合はいかがですか。心配です。それ以後は使者を派遣するなりして連絡すべきところ、遠路でもあって何の連絡もできず、ただこれは本意ではありません。よくよく養生することが大事です。この方面の事について、越前の府中にて皆が粉骨したため多くの敵を討ち取り、越前一国を平定いたしました。明後日加賀へ向かいます。加賀の面々も降参して、私たちを迎えるため出向いてくるとのことなので、こちらもすぐに平定されるでしょう。帰陣したら参りますのでお話ししましょう。〉

八月廿一日（天正三年）　日向守光秀（花押）

小畠左馬進（永明）殿　御宿所

（＊底本の読みを一部あらためた箇所がある）

中世では、いくさで働いての負傷は手柄となり、恩賞の根拠ともなるから、将来の恩賞給付を約束する感状という文書が発給される。【書状1】はそれに近い。【書状3】は、第二章で触れた天正三年八月の越前攻めにおける光秀の行動をたどるうえで重要な史料である。ここに登場する丹波宍人《ししうど》の国衆小畠永明の負傷は、別の光秀書状からも確認できる（九月十六日付・光六一号）。それによれば、九月頃永明は京都で療治していたらしい。

このほか、野村七兵衛尉のいくさでの負傷を気づかい、「時分柄《じぶんがら》養生簡要に候」と書く書状（光三九号）、佐竹宗実のいくさでの負傷に対し、同様に「時分柄御養生肝要に候」と書く書状（光五〇号）、また宗実の腫物《はれもの》を見舞った書状（光補遺四号）、井上善内なる人物の腹痛を見舞い養生を勧めた書状（光一四八号、後掲【書状6】）がある。

他の武将との比較

こういった書状の多さは、多分に文書残存の偶然性によると言えなくもない。そのようなことをやりとりするほどの親密な関係の（もしくはそういう配慮を見せる必要がある）相手の手もとに残った文書が、廃棄されずたまたま現在まで伝わったに過ぎない、という考え方もできる。

そこで、秀吉・長秀・一益の書状からそのような内容の文書を探してみると、ほとんど確認できないことに気づかされる。秀吉の書状では、連署・単署あわせ総点数四三四通のうち、わずか一通。弟羽柴秀長の麾下に属した桑山重晴の病気（腫物）に対して「随って腫物煩いの由心許なく□（候カ）。よくよく養生肝要に候」と書いたもののみである（秀三五七号）。

長秀のばあい、単署の書状約一〇〇通のうち、播磨三木《はりまみき》城の別所長治《べつしよながはる》と袂《たもと》を分かって秀吉方についた長治の叔父重棟《しげむね》が、いくさで負傷したことに対し、「御手負わるるの旨、御心元なく存じ候。しかしながら薄手《うすで》の由承り候えば、然るべく存じ候」と述べたもの一通（前掲書九五号）のみである（ほか同様のことを述べた長秀奉行人の連署書状もある）。一益に至っては、確認される発給文書七六通のうち、そのような内容の書状はまったく見られない。ちなみに、約八〇〇通があるとされる彼らの主君信長の発給文書にも、そのような内容の文書はわずかしか見られない（家臣松井友閑の腫物を気づかった信三一〇号など）。

このように、量的把握が可能な同僚武将とくらべても、光秀書状の特異さが際だつ。とくに【書状3】は、この時代の書状にふつう見られるような前置きもなく、本文が単刀直入に「疵如何候や」から始まるのは、いささか異様ですらある。第五章でも述べるように、丹波における第一の協力者が、自身が率いたいくさにて負傷したゆえかもしれないけれども、何よりも傷の具合が心配だという気持ちがそうさせたのだろう。

これで思い出すのは、元亀四年にあった今堅田攻め（第一章参照）における戦死者の供養である。二月二十九日・三月一日両日に命を落とした千秋刑部《せんしゆうぎようぶ》以下一八名について、同年五月二十四日、近江西教寺《さいきょうじ》に供養料として米を寄進した寄進状である（光三一号、本章扉図版）。冒頭に名のある千秋刑部は、諱を輝季《てるすえ》といい、吉田兼見の親類でもあった（第三章図3-1参照）。彼が落命したとき、父月斎（晴季《はるすえ》）の歎きはひとかたならぬものがあったという（『兼見卿記』元亀四年二月二十九日条）。

このような慰霊に関わる文書も、ほかの武将には見られない。もちろん、比較のため取りあげた秀吉・長秀・一益らが、負傷や病気へのいたわりも含め、そのようなことがらに冷淡だったということではないだろう。ただ、光秀は、死・負傷、病気といった現象に人一倍敏感な人間であったということは言ってもいいのではあるまいか。

推理作家・松本清張は、他人に対して思いやりがあり、たいへん気を使う人だったという。家族が病気になったときには、心配して大騒ぎしたと直子夫人が語っている。この理由を夫人は、清張が子供時代、父母に溺愛されていたことに求めている（「仕事と家族。その他は全く無頓着な人でした」）。こうした因果関係が普遍的に通用するわけではないだろうが、光秀も案外そういう育ち方をしてきたのかもしれない。

病気見舞を受ける

このような光秀の態度は、彼と親交をむすぶ相手にも影響をおよぼしているのではない

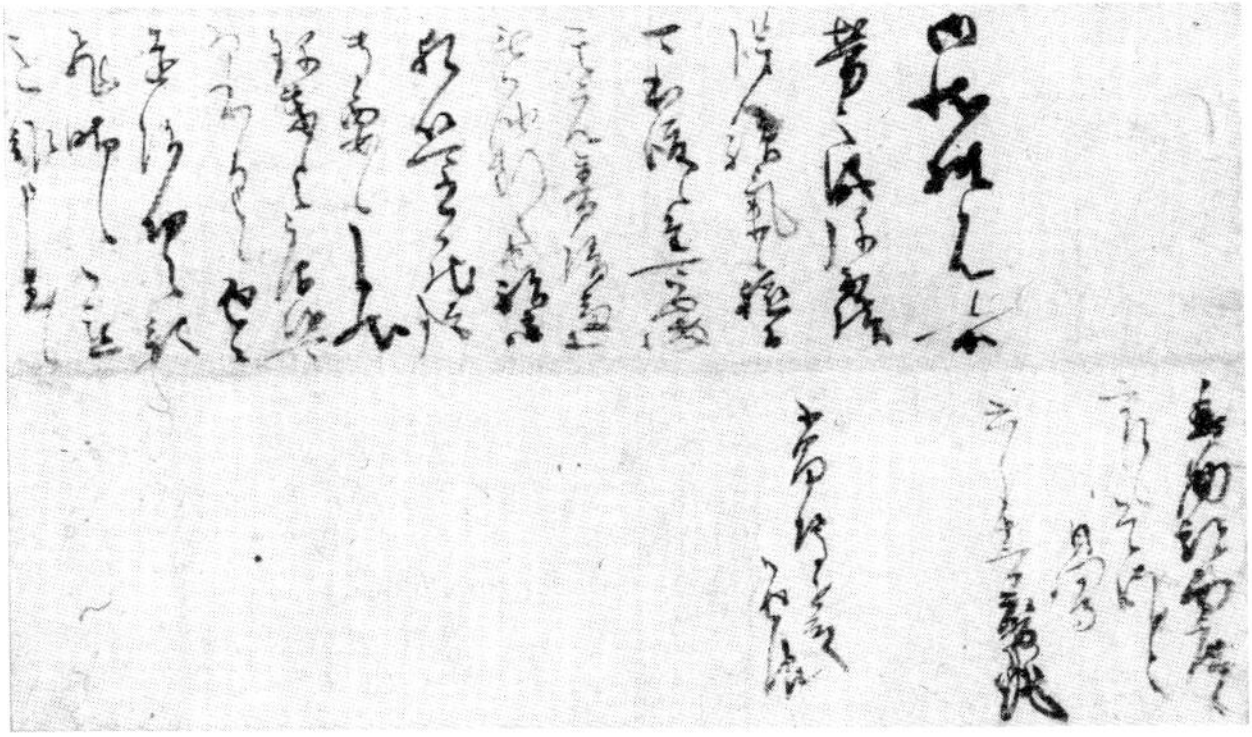

図4-2　（天正４年〔1576〕）６月13日付小畠左馬進（永明）宛惟任光秀書状（一般財団法人 太陽コレクション蔵）

かと思われる。逆に光秀や彼の妻が病気になったとき、見舞の書状を受けているからである。

【書状４】太陽コレクション所蔵文書（光一四四号、図４-２）

御状披見《ひけん》候。所労の儀、いよいよ取り続き験気《げんき》を得《え》候。やがて本復すべく候条、御心安かるべく候。そこもと普請番等御油断なきの由、祝着に候。なおもって御馳走あるべき事専要《せんよう》に候。自然珍儀《ちんぎ》候わば、仰せ越され本望たるべく候。かえすがえす遠路切々飛脚に預かり候。御懇意申し尽くしがたく候。委曲面談の節を期し候。恐々謹言。

〈お手紙拝見しました。わたしの病気はいよいよ引きつづいて回復に向かっています。すぐに全快するでしょうからご安心ください。そちらの普請番などぬかりないとのこと、嬉しく思います。なお力を入れることが大事です。もし変わったことがありましたら、わたしにお知らせくだされればありがたいです。かえすがえす遠路にもかかわらずご連絡いただき、あなたの懇意に返す言葉もございません。詳しくは直接お会いしたときに申します。〉

六月十三日（天正四年） 日向守光秀（花押）

小畠左馬進殿　御返報

【書状5】大和文華館所蔵双柏文庫文書（光末収録、図4-3）

かえすがえす、思し召し寄せられ、懇ろの御尋ね祝着に候。なお両人申すべく候。

〈かえすがえすも思い立って懇切にご連絡くださり喜ばしく存じます。なおこの両人が申します。〉

両人かたへ御折帋《おりがみ》披閲《ひえつ》候。女ども煩《わずらい》の儀、別儀なく候間、御心易《こころやす》かるべく候。御見廻の儀御無用に候。この間普請別して御精《ごせい》を入れられ候。まこと永々御苦労祝着候。なお面《めん》の時申すべく候間、巨細《こさい》あたわず候。恐々謹言。

〈両人に宛ててのお手紙を拝見しました。妻の病気についてはとくに問題ないのでご心配なく。見舞についてもご無用に願います。この間とくに力を入れて普請をなさ

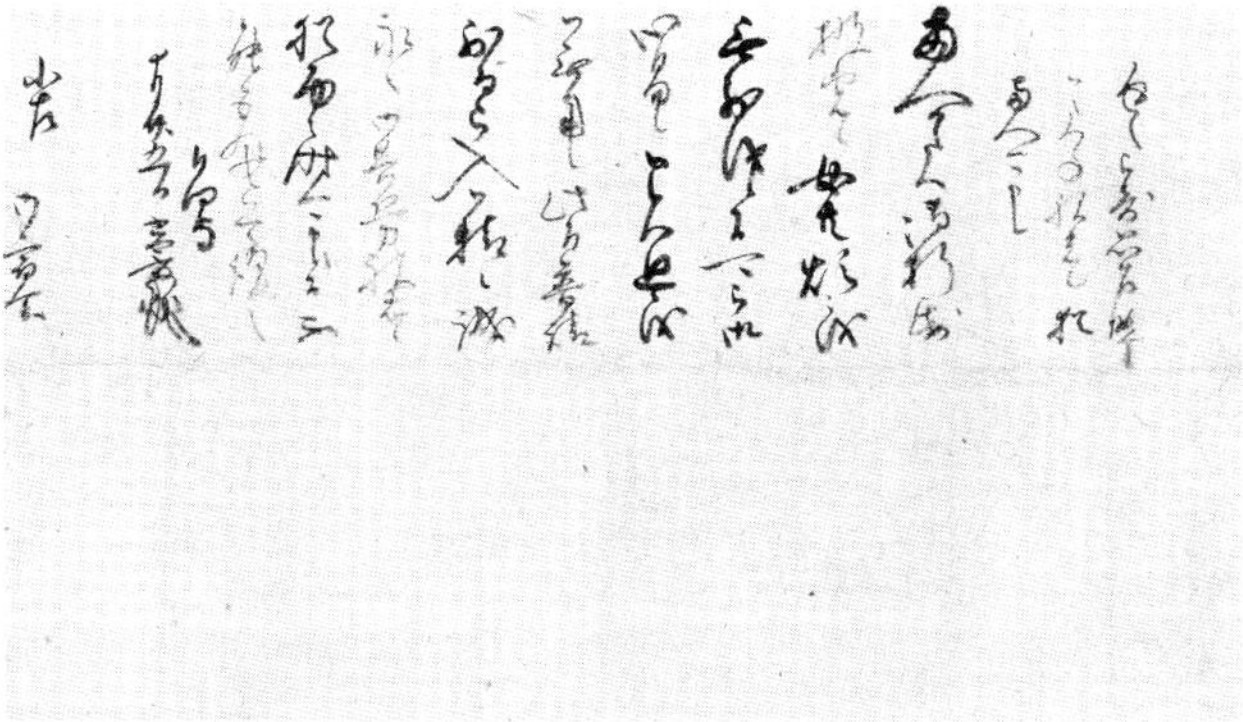

図4-3　（天正４年〔1576〕）10月25日付小畠左馬進（永明）宛惟任光秀書状（大和文華館蔵）

ったとのこと、まこと長期間のご苦労ありがたく思います。なお直接お目にかかったときにお話ししますので、この書状では詳しく述べません。〕

（天正四年）十月廿五日　日向守光秀（花押）

小左（小畠左馬進）　御宿所

【書状4】【書状5】ともに、第三章で述べた天正四年における光秀の大病と、それにつづく彼の妻の病気に関わる書状である。いずれも小畠永明から見舞の書状が届けられたことに対する礼状である。病の見舞とそれに対する礼状などは、何かの紙背文書として残ることにより偶然知られる（つまり一般的には廃棄される運命にある）ことが多いが、光秀のばあい、このように残されている。

自筆文書の特徴

ところで、次の一通の書状を読んでいただきたい。

【書状6】前田育徳会尊経閣文庫所蔵『武家手鑑』所収文書（光一四八号、図4－4）

この書中悪筆《あくひつ》に候間、他見あるまじく候。以上。

〈この手紙は悪筆なのでよそに見せないでください。以上。〉

何とて爰元《ここもと》相見えざる由尋ね候処、煩う由、心もとなく候。腹中《ふくちゅう》の由に候間、下（カ）はり百余を遣わし候。涯分《がいぶん》養性専用に候。普請隙を明け候条、暫《しばら》く帰陣候。家中の者共殊の外《ほか》身労（由候カ）。相心得申し聞けべく候。息《そく》成人候。いよいよ長久に奉公候様にと思い候。なおなお本復の砌《みぎり》待ち入り候。かしく。

〈なぜこちらにいらっしゃらないのか尋ねたところ、病気とのこと、心配です。腹痛とのことなので、下はり百余をお送りします。くれぐれも養生してください。普請が終わりましたので、わたしは暫く帰陣します。家中の者たちはたいへん疲れているとのこと、了解したと伝えてください。あなたの息子が成人したとのこと。末永く当方に奉公してくれるようにと思っています。なおご回復を心待ちにしておりま

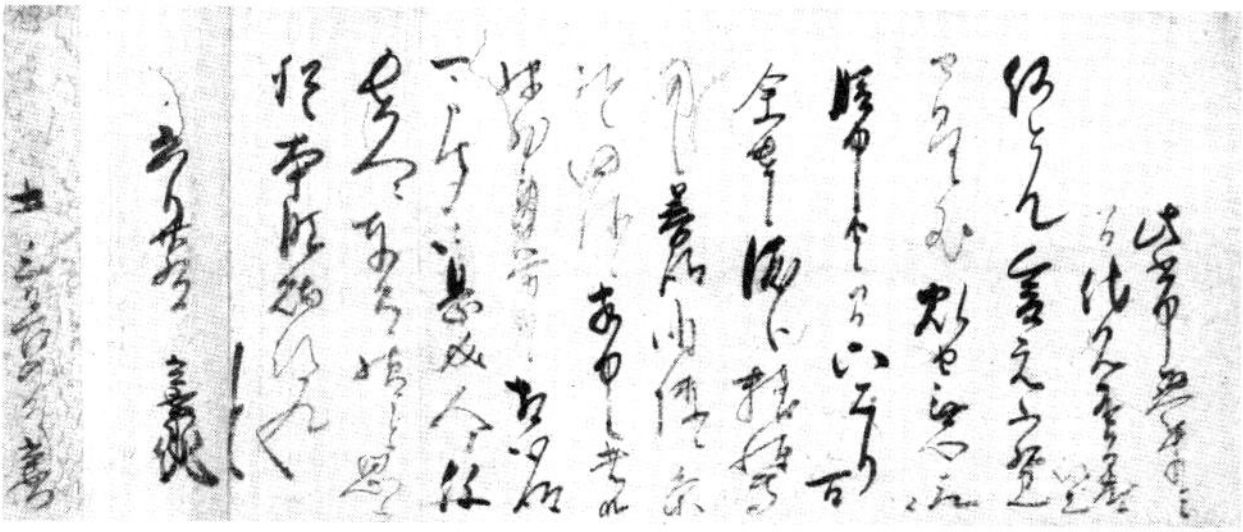

図4-4　（年次未詳）６月29日付井上善内宛明智光秀書状（『武家手鑑』より、前田育徳会尊経閣文庫蔵）

す。〉

六月廿九日（年次未詳）　光秀（花押）

「井上善内殿　光秀」（上書）

（＊底本の読みを一部あらためた箇所がある）

前述のとおり、相手の病気を気づかう書状のひとつであるが、注目されるのは端に書かれた追而書《おってがき》の部分に「悪筆」云々とあることだ。そのように書くということは、自筆だからだろう。所蔵者の尊経閣文庫は、この文書の釈文に「光秀ノ書蹟、自ラ「悪筆」ト言ヒタルニタガハズ、極メテ読ミニクシ」と辛口の注を添えているが（『前田育徳会尊経閣文庫所蔵武家手鑑　解題・釈文』）、たしかにくりかえし眺めていないと容易には読み解けそうにない筆跡ではある。

これを自筆だと判断してよければ、全体的に文字が右上がりになっているのが特徴と言えそうである。その観点でほかの文書を見ると、似たように右上がりになっている書状が散見される。小畠永明に宛てた文書はほぼすべてそうではないかと思われるが、とりわけ極端なのは、前掲の【書状4】である。

これが大病を克服しつつある時期に書かれた書状であることを念頭におけば、いかにも病み上がりらしい弱々しさと乱雑さが感じられないだろうか。【書状6】以上に読みにくい。これに対して妻の病気に触れた【書状5】は、右上がり気味であるものの、【書状4】よりは読みやすい。自身の体調はまったく問題がなくなったように、字からはうかがえる。

光秀の文書を多く見た経験があるわけでもない立場で、特徴的な文字を例示した比較によらず、見た目の印象ひとつで自筆かそうでないかを判断することは慎重であるべきと承知しているが、自筆書状とみられる【書状6】をもとに、今後の研究に備えるため、あえて指摘してみた。

主君への敬意

【書状7】個人蔵文書（光七〇号）

なおもって、先日は見事のふとん給い候。一覧のごとく、則ち上様《うえさま》へ進上申し候。我々着座候いつれども、余りに結構の物不似合に候条、上覧に備え、ひとしお祝着この事に候。来る正月、家中の者ども、衣裳悉く布子《ぬのこ》たるべきを申し触れ候。後二月上旬大坂面《おもて》御動座《ごどうざ》たるべきを仰せ出だされ候。万端私用を止め、御用意の義、つぶさに一廉《ひとかど》覚悟あるべく候。油断なく入精せらるべき事肝要に候。恐々謹言。

〈なおもって、先日は見事な座布団を頂戴しました。私は一見しただけですぐに上様へ進上しました。あまりに結構な物で自分には不似合いなので、上様に差し上げたことで祝着に思っております。来る正月には、わが家中の者どもに対し、着衣をすべて木綿にするよう命じました。直後の二月上旬に、上様が大坂方面へ御出陣されるというお触れがありましたので、すべての面において個人的な用向きは止めて、ご準備をよりいっそう入念にしておく覚悟が必要です。あなた方もぬかりなく準備することが大切です。〉

十二月三日（天正四年）　日向守光秀（花押）

津田備中守殿

津田利右衛門尉殿

ここに登場する「ふとん」とは、着座とあるので座布団を指すのだろう。津田備中守らから贈られた座布団があまりに結構な物であったため、自分には不似合いだとして信長に献上したというのである。

信長に敬意を払い、信長を指す「上様」の文字のところで改行（平出《へいしゅつ》）されている。原本の写真を見ることができないので、実際の字配りがどうなっているかはわからないが、通常一字分程度空けること（闕字《けつじ》）はあるものの、平出まですることはめずらしい。内容的にも、数ヶ月後に予定される大坂出陣のため、正月は家中全体で節約していくさの準備に備えるというあたりに光秀の性格が垣間見える。

光秀が主君信長に篤《あつ》い敬意を払っていることは、たとえば第二章で見た、長篠方面出陣中の信長に対する遠慮からもわかる。またたとえば、天正六年正月一日に、信長から拝領した「八角釜」や龍の緞子《どんす》・鶴などを、一〇日後の茶会にてお披露目したり、同十年（本能寺の変が起きた年）正月七日に光秀が主催した茶会にて、「上様の御自筆の御書」を床の間に掛けるなど、その畏敬ぶりがうかがえる（『天王寺屋会記』宗及他会記）。

文人光秀の教養

【書状8】竹内文平氏所蔵文書（光七五号、図4-5）

なおなお、生田《いくた》にて、ほとゝきすいくたひもりの木間《このま》哉《かな》、夏は今朝《けさ》嶋かくれ行《ゆく》なのみ哉、人丸塚《ひとまろづか》のあたりにて、口より出で候。時分早く候て、おかしく候。
〈なおなお、生田にて「ほととぎすいくたび森の木間かな」という句が、また「夏は今朝嶋かくれ行なのみかな」という句が人丸塚のあたりにて口をついて出ました。時分が早くて笑うべきです。〉
出陣以来音問《いんもん》あたわず候、
〈出陣以来ご連絡ができませんでした。〉
一、去る二日、明石に至り着陣候。洪水ゆえ一日逗留、今日（四）書写《しょしゃ》に至り罷り過ぎ候。敵味方の様躰《ようてい》、最前京都において承る同前に候。如何成り行くべく候や。御本意程あるべからず候。
〈去る二日に明石に着陣しました。洪水のため一日逗留し、今日四日に書写山を通り過ぎました。敵味方の様子は先日京都で承ったときと変わっていないようです。どうなるでしょうか。あなたのお望みどおりになるまでに時間はかからないとは思います。〉
一、承りおよび候生田川・同じく森、それより須磨月見松、松風・村雨《むらさめ》の一本《ひともと》、つき嶋、それより明石潟、人丸塚、岡辺《おかべ》の里、存ずるによらず見物。まこと御辺誘引《ごへんゆういん》申し候わばと、事々に存じ出で候。

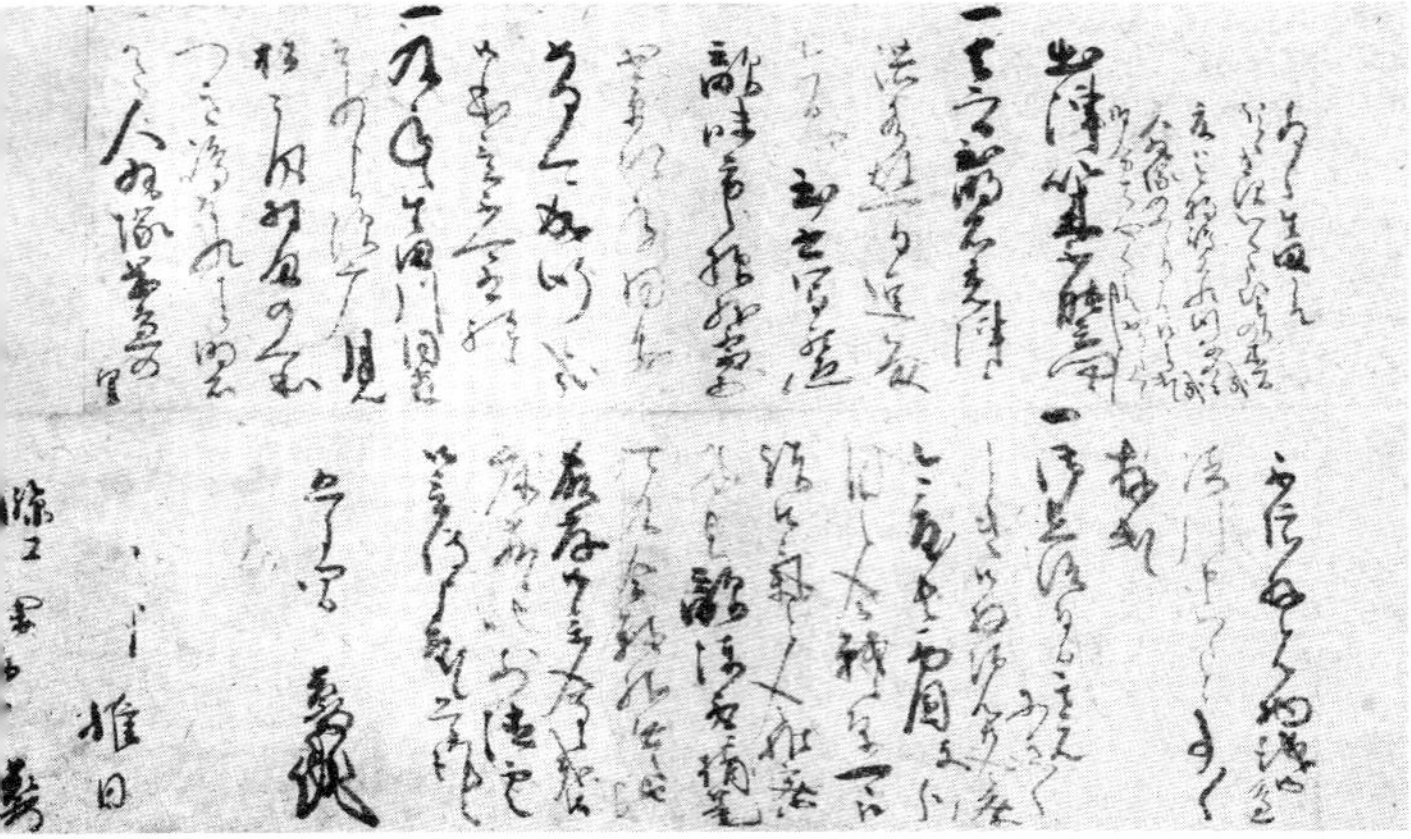

図4-5　（天正６年〔1578〕）５月４日付臨江斎里村紹巴宛惟任光秀書状（竹内文平氏所蔵文書、東京大学史料編纂所所蔵写真）

〈うかがっておりました生田川や生田の森、それから須磨の月見の松、松風・村雨姉妹の松、築島、それから明石潟、人丸塚、岡辺の里など、思いがけず見物しました。まことにあなたをお誘いしていればと、そのたびに思っておりました。〉

一、御在洛につきて、そこもと賑々しき御遊覧ども察せしめ候。今度は西国と分け目の合戦に候条、御気を詰めらるべしと推察せしめ候。さりながら敵陣《じん》取《どり》に楯籠もり、合戦におよぶべき様《さま》これなき由申し候。藤孝御参会候や。御床敷《ゆかしく》候。叱・前・徳雲御言伝《ことづて》申し度《たく》候。

恐々謹言。

〈あなたはご在洛とのことで、さぞやに

ぎやかに遊び暮らされているものとお察しします。このたびは毛利氏との分け目の合戦なので、（上様も）気を詰めておられるのではないかと思っております。しかし、敵は陣所にたて籠もったきりで、いくさになる様子がないとのことです。藤孝ともお会いになりましたか。そちらに参りたいものです。昌叱・心前・徳雲軒らによろしくお伝えください。〉

五月四日（天正六年）　　光秀（花押）

「（墨引）　　惟日

臨江斎《りんこうさい》床下　　光秀」

高柳光壽以下、多くの研究者が言及している、よく知られた文書である。

天正六年四月中旬、毛利氏の軍勢が、信長方の山中鹿之助幸盛《ゆきもり》らが守る播磨上月城《こうづき》（兵庫県佐用町）を取り囲んだという知らせを耳にした信長は、これを助けるため即座に出陣しようとした。しかしそのあたりは難所であり、毛利氏は堅固な陣所を構築しているので、信長直々の出陣は時期尚早であり、まずは様子見のため自分たちが出陣しますと、重臣の面々（佐久間信盛・滝川一益・蜂屋頼隆・光秀・惟住長秀）らが言上した。このため光秀らは四月二十九日に播磨へ向け出陣している（『信長記』）。【書状8】はこのとき、連歌師の臨江斎里村紹巴に出されたものである。

信長本人の出陣を思いとどまらせ、代わりに播磨へ出向くことになった軍勢の一員となった光秀であるが、その途中、生田川以下の名所を通ることができて嬉しいと素直に感情を吐露している。いくさであることをよそに「あなたをお誘いしたかった」とは、相手が紹巴だからこその発言だろう。ここに登場する名所は、『源氏物語』や『伊勢物語』にて知られた場所であったり、歌枕でもあった。

いくさが長期化する懸念があるなか、みずからが置かれた境遇をむしろ愉しもうとしている姿勢がけなげである。尚々書《なおなおがき》には、生田と人丸塚で詠んだ「ほととぎすいくたび森の木間かな」「夏は今朝嶋かくれ行なのみかな」の二句の発句が記されている。

前者は、たとえば九条道家の「津の国の生田のもりの時鳥《ほととぎす》おのれすまづは秋ぞとはまし」(『新拾遺和歌集』)や、連歌の大成者飯尾宗祇《いのおそうぎ》の「ほととぎすあきにはあはずこのごろのいく田のもりを一こゑもとへ」(『宗祇集』)といった和歌を踏まえているのかもしれない。後者は人丸塚で詠んだとあるので、柿本人麻呂の「ほのぼのと明石の浦の朝霧に島がくれ行く舟をしぞ思ふ」を踏まえているのだろう。

連歌をたしなむ人にとってはあたりまえのような頭の働きかもしれないが、故地を前に、それを踏まえた発句が咄嗟に頭に浮かぶ光秀の感覚は、連歌をよくした人らしく、その深い教養を感じさせる。

〝生田の森の時鳥〟の歌の季節はいずれも秋であり、人麻呂の歌に詠まれた「朝霧」は後世秋の季語となるらしいから（『日本国語大辞典 第二版』）、尚々書にある「時分早く候」とは、五月では早すぎたかしらんという自嘲だろうか。横溝正史の傑作『獄門島』のなかで、ある人物がふとつぶやいた有名なことばを連想してしまう。

書状の明晰さ

光秀の書状を評する有名な一節がある。天正二年七月、長嶋一向一揆攻めのため出陣中の信長に対し、摂津・河内出陣中の光秀が戦況を報告した返事のなかで、信長がもらしたことばである。

信長は「書中つぶさに候えば、見る心地《ここち》に候」と書いた（信四六三号）。「そなたの手紙はとても具体的なので、まるでその場を見ているかのようだ」というのである。ここまで紹介してきた八通の書状を読んだ皆さんも、似たようなことを感じたのではないだろうか。理解しやすかったので、いまの文章に移し替えることも比較的やりやすかった。

もちろん、現代人のわたしたちにとってわかりやすいことが、右に信長が褒めた理由と共通しているとはかぎらない。戦国時代の書状は、差出人と宛所の両者のあいだで通じればよいというのが基本的な条件であり、書状の役割を果たしていれば問題ないのだが、それゆえに現代のわたしたちにとって理解しがたいものが少なくない。そのなかで光秀の書状には、四五〇年近く経った現代人たる第三者が読んでも明晰なものが多いという個人的な印象である。

この時期の武士たちの書状を読んでいて、わかりやすいと感じるのは、ほかに（信長家臣時代の）秀吉の書状がある。とりわけ彼がいくさの状況を報告した書状などは、まさしく「見る心地」がするほど具体的で、文章構成が論理的で、伝えるべきことが整理されているので、すんなり頭に入ってくる。あるいは信長は、そんな明晰な書状（ある種の報告書）を書いてくるからこそ、光秀や秀吉を気に入り、重用したのではないかと勘ぐりたくなるほどである。

第五章

明智光秀と丹波

丹波亀山城天守古写真（美田村顕教撮影、画像提供：亀岡市文化資料館）

惟任日向守という名乗り

本章では、第二章につづく時期、天正三年（一五七五）から、同七年頃までの明智光秀の事跡を追いかける。ここでまず明らかにしたい疑問は、なぜ天正三年という時機に、なぜ光秀が丹波の攻略を任されたのか、ということである。

織田信長家臣としての光秀にとって、課された最大の任務が丹波攻略であった。こう言って、ほかにもあるはずだと追加を求める意見はあっても、否定する人はまずいないのではあるまいか。本章が対象とするのは、まさしく光秀が丹波攻略・経営にあたった時期である。本章では、丹波攻略を軸にして、この時期の光秀について考えることにしたい。

この時期の光秀は、別に「近畿管領」（高柳光壽）、「畿内方面軍司令官」（谷口克広）と言われるような立場で、畿内の織田家臣団の統率や政治的問題の処理などに重要な役割を果たしていた。もちろんそうした活動をまったく無視するつもりはないが、天下人信長にとっての丹波国の重要性、意味づけを考えるうえで、光秀という人物は欠かすことができないと考えるので、あえて丹波攻略を基軸に据えることにした。

本題に入る前に、天正三年七月三日に、明智十兵衛光秀が、信長から「惟任」の名字と「日向守」の官途名乗りをあたえられたことについて触れておきたい。

『信長記』によれば、朝廷から信長に官位をあたえようとしたところ、信長はこれを固辞した。ところが信長は「内々御心持ち候や（内々お考えになることがあったのだろう）」として、松井友閑に「宮内卿法印《くないきょうほういん》」、武井夕庵《せきあん》に「二位法印」、光秀に「惟任日向」、簗田広正に「別喜右近」、丹羽長秀に「惟住」の名乗りを「仰せ付けられ」たという。『信長記』には登場しないが、このほか、塙直政に「原田備中守」をあたえたのもこのときであり、秀吉が「筑前守」を名乗ったのもこのときからと考えられている。

このできごとの意味について、「惟任」「別喜」「惟住」「原田」といった名字が鎮西《ちんぜい》の名族に由来すること（惟任・惟住が大神《おおみわ》姓、別喜が戸次であれば大神姓、原田は大蔵姓）、日向守・筑前守・備中守という西国の受領《ずりょう》官途であることから、信長が西国支配を意識するようになったことを示すという考えがある。

信長の意図についての史料的根拠はなく、わたしはそこまで考えるのは穿ちすぎだと思っている。秀吉が名乗ることを許された「羽柴」名字（織田家重臣の丹羽と柴田から一字ずつとって組み合わせた）や、息子に「奇妙」「茶筅」などと名づけたように、信長にはある種独特の名づけの感覚があり、このときも〝西国縛り〟のような遊び心で家臣たちに名をつけたに過ぎないように思える。もっともこれは、さらに何の史料的根拠もない印象に過ぎず、旧著『織田信長〈天下人〉の実像』で同様の疑問を投げかけてから、自分自身の考察は一歩も進んでいない。

したがって、惟任日向守という名乗りについての謎はこれ以上、深く追究しない。ただ、この名乗りは朝廷から許されるという次元のものではなく、あくまで信長よりあたえられたものということは確認しておきたい。

室町・戦国時代の丹波

信長のもとでの光秀による丹波攻めについて考える前提として、それまでの丹波国がどういう地域だったのかを見ておかなければならない。

丹波は京都のある山城国に接し、京都と山陰地域をむすぶ山陰道が通ずる国である。今谷明によると、鎌倉時代は六波羅探題南方《ろくはらたんだいみなみかた》が守護職を兼帯し、南北朝期には足利一門の重臣が守護を歴任するなど、「軍事的に山陰道の咽喉《いんこう》を扼《やく》する要衝として重視された地域であった」(『守護領国支配機構の研究』)。

南北朝期貞治《じょうじ》年間(一三六〇年代)以降、山名《やまな》氏が守護となり、同氏は畿内から山陰にかけ大きな勢力を誇示するに至った。それがゆえに将軍足利義満《よしみつ》から疑われ、結果的に山名氏清《うじきよ》はその挑発に乗って挙兵、幕府軍と京都に戦って敗れたのが、明徳《めいとく》二年(一三九一)のいわゆる明徳の乱である。

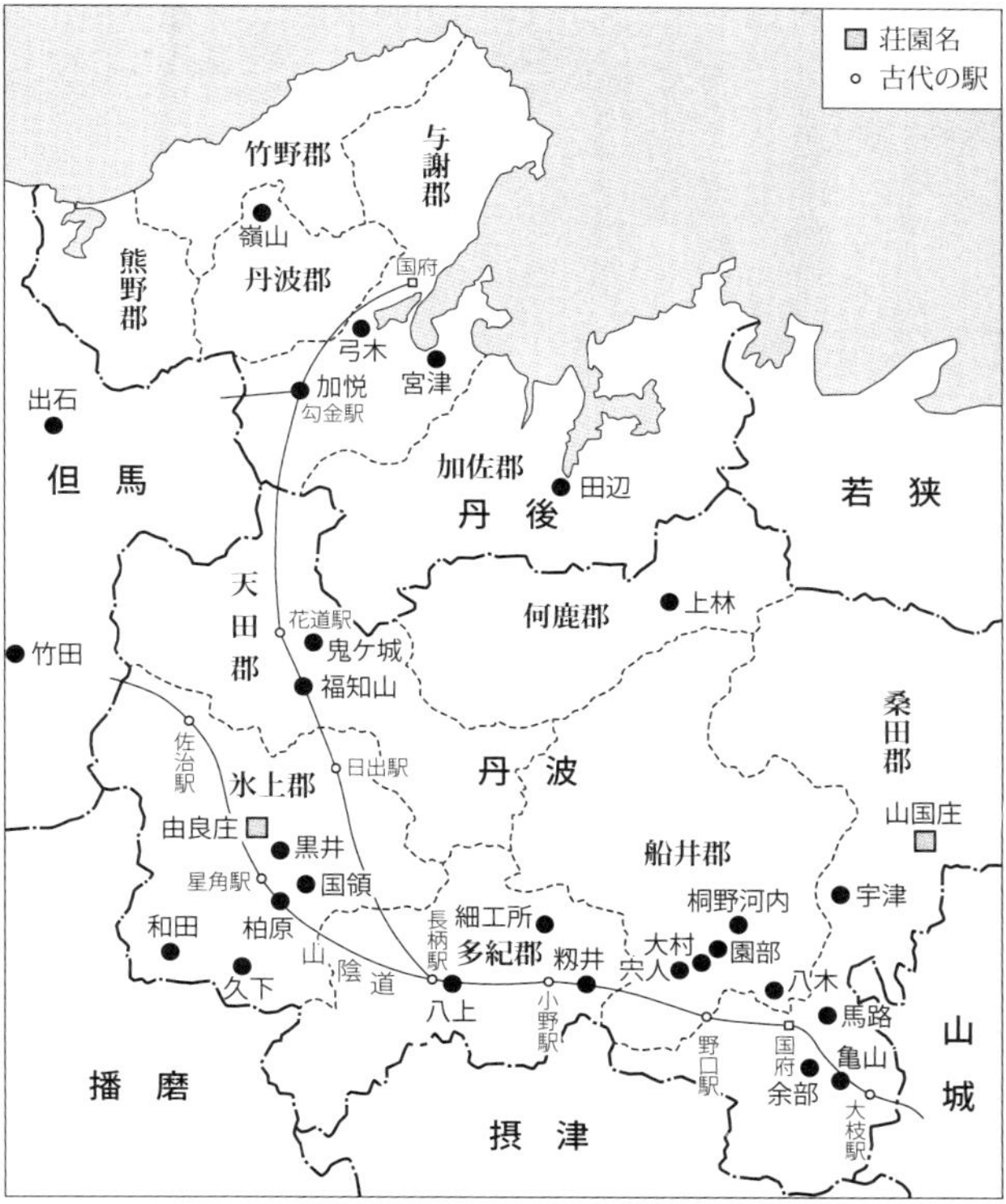

図5-1　丹波・丹後地図（『図説京丹後市の歴史』41頁所載の地図を加工）

これによって丹波は、細川頼之《よりゆき》の弟で養嗣子となった頼元が守護となり、以降同家の惣領家、いわゆる京兆《けいちょう》家が守護職を継承して戦国時代に至る。丹波は細川京兆家が支配する地域だったのである。その下で戦国時代に守護代を務めていたのが内藤氏であり、拠点は船井郡八木城（京都府南丹市）にあった（『図説丹波八木の歴史　第二巻』）。（図5-1）

天文年間頃（一五五〇年前後）、三好氏が畿内京都の実権を握ってゆくなかで、丹波守護代内藤氏に、三好家重臣松永久秀の弟長頼《ながより》が養子として入り、内藤宗勝《そうしょう》と名乗って家を継いだ。ところが、三好政権下で丹波攻略を進めていた宗勝は、永禄八年（一五六五）、氷上郡黒井城を攻めているとき、黒井城の荻野直正・赤井忠家の反撃に遭い、討死する。これをきっかけに、多紀郡八上城の波多野氏ら丹波の国衆も一斉に反三好方となったという。

そのなか、足利義昭と信長が美濃から上洛してくるのである。

義昭・信長政権と丹波

あらたな室町将軍に対し、丹波の国衆たちはどのような態度をとったのだろうか。先にも登場した黒井城の赤井（芦田）忠家が、永禄十三年（一五七〇）三月に、義昭・信長より丹波「奥三郡」を当知行のとおり安堵されている（信二二〇号）。ひとまず恭順の姿勢をみせたようである。

丹波では国衆の力が強く、禁裏をはじめとした京都の荘園領主たちは、国内の所領を押《おう》領《りょう》されるなどの憂き目を見た。禁裏料所として著名な桑田郡山国荘《やまぐにのしょう》（京都市右京区）では、同郡宇津城の国衆宇津頼重《よりしげ》によって、天文年間頃から押領を受けていた。このため永禄十二年四月、信長は宇津氏に対し乱妨をやめるように命じている（光四・七号）。

また、皇女が入室する岡御所（大慈光院）の所領佐伯荘《さえきのしょう》（亀岡市）は、もともと細川藤《ふじ》賢《かた》（細川家の支流典厩《てんきゅう》家の家督）が代官となっていたが、内藤貞弘なる者がこれを奪った状態であった。丹波守護代内藤家につながる人物であろうか。そこに信長権力（動いたのは木下秀吉）が介在し、おなじく永禄十二年四月、貞弘と交渉して、貞弘が代官となり、毎年八〇石の年貢を岡御所に納める請所《うけしょ》とすることで合意に至った（『言継卿記』『曇華院文書』）。

興福寺大乗院門跡尋憲《じんけん》の日記『尋憲記』の元亀四年（一五七三）正月一日条に、当時の畿内周辺や大和の情勢が目録風に記されているが、そのなかで丹波は「信長衆」とある。このため信長の従属下にあったように考えられがちだが、福島克彦は、これを額面どおり受け取ることは危険であると指摘している（「明智光秀と小畠永明」）。

それでは、元亀四年に義昭と信長が対立したとき、丹波の国衆はどのような動きをみせたのか。宇津氏や内藤氏ら丹波の有力国衆は、親義昭・反信長方として行動したのである。

義昭のもとにあって信長側と折衝をつづけていた細川藤孝に対し、信長は三月七日付の書状で、次のように義昭を強く批判した。

「丹波宇津の事、御供衆に召し加えらるるの由に候。内藤無興《むきよう》余儀なく候。何たる忠節を仕り候や。冥加《みようが》なき次第に候。自然の時御座を移さるべきための由に候」（信三六四号）。

義昭が、さしたる勲功もない宇津頼重を御供衆に加えた理不尽なふるまいが槍玉にあげられているのである。信長は、いざというとき丹波に拠るため宇津氏を味方にしたのだろうと疑っている。実際に、義昭が二月十日に「丹波へ御辛（牢）人」になったという噂もあった（『尋憲記』）。

右の信長書状では、御供衆問題にさいし、宇津氏と内藤氏（もしくは義昭と内藤氏）の関係に亀裂が生じたかのように書かれているが、二月の時点では、内藤氏（キリシタン武将の内藤如安《じよあん》）・宇津氏（頼重）らは、義昭を守るため、将軍御所の番として上洛したとされている（『年代記抄節』、一五七三年四月二十日付フランシスコ・カブラル宛ルイス・フロイス書簡）。また、それに先立つ正月頃には、荻野直正が京都に向け軍事行動を起こすという情報を本願寺門主の顕如が入手し、越前の朝倉義景に知らせている（『顕如上人御書札案留』）。

以上のように、史料からわかるかぎりでは、丹波の有力国衆は揃って反信長方として行動していたのである。

丹波支配への布石

では、元亀四年七月に義昭が京都を退去したあと、彼に味方した国衆が優位を占める丹波はどうなったのか。逆に信長は、丹波に対してどのような対応をとったのか。義昭は退去後、堺から紀伊の由良《ゆら》へと移り、しばらくそこで形勢をうかがっていたようであり（谷口克広『信長と将軍義昭』）、信長が危惧したように、丹波に入ろうとした形跡は見られない。

信長は義昭退去後、すぐさま越前朝倉氏と近江浅井氏を攻め、これを滅ぼした。翌天正二年（一五七四）には、東美濃や遠江高天神城を攻撃してきた武田勝頼の軍勢に手を焼き、その後、長嶋一向一揆攻めに力を注いだ。そのいっぽうで光秀や藤孝らが摂津・河内を転戦したことは、第二章で述べたとおりである。

そして天正三年、信長は四月に大軍を率いて河内・摂津に出陣し、大坂本願寺を攻撃した。これに対し本願寺の後方支援をするという目的で、勝頼が遠江・三河に侵入し、徳川氏の諸城を攻略した。これによって危機に陥った徳川家康を助けるため、信長はみずから三河に入り、五月二十一日、同国有海原《あるみはら》において武田勢と激突、これを打ち破ることに成功した。いわゆる長篠の戦いである（拙稿「織田信長にとっての長篠の戦い」）。
こうした経緯を見るかぎり、義昭退去直後の信長には、丹波に介入するような余裕はなかったと考えてもよかろう。ただし第二章でも触れたように、河内・摂津出陣に先立ち、藤孝に対して次のような命令が下されたことは注目してよい。

来秋大坂合城申し付け候。しからば丹州舟井・桑田両郡の諸侍《しょざむらい》、その方へ相付《あいつ》くうえは、人数等別して相催し、粉骨を抽《ぬき》んぜらるべく候。この旨申し触れ、各々その意をなすべき事簡要の条くだんのごとし。

天正三　三月二十二日　　信長（朱印）

長岡兵部大輔殿

（信五〇一号）

来秋、すなわち天正三年の秋に大坂本願寺攻めのため合城（攻撃対象の周辺に構築する砦）を作るよう命じ、これに丹波船井・桑田両郡の侍を動員してあたるように、というのである。藤孝はその直後の河内・摂津攻めに従軍したものの、光秀同様、長篠の戦いには加わっていない。船井・桑田の二郡に対し、信長は藤孝にある種の権限をあたえたことになる。

光秀の丹波入国

光秀に丹波入国が命ぜられたのは、天正三年六月のことである。それがわかる最初の文書は、次のものである。

内藤・宇津の事、先年京都錯乱の刻、この方に対し逆心、いまだ相休まず候や。出仕なく候わば、誅罰を加うべきため、明智十兵衛指し越され候。連々馳走の条、なおってこの時忠節を抽んずべきこと専一《せんいつ》に候なり。よって状くだんのごとし。

天正三　六月七日　　信長朱印

川勝大膳亮《かわかつだいぜんのすけ》（継氏）殿

（信五一五号）

川勝氏は桑田郡の国衆である（『寛政重修諸家譜』）。これによれば、内藤氏・宇津氏が先年、義昭に味方して信長に対抗したが、もし彼らが出仕しなければ、征伐するために光秀を差し向けるので協力してほしい、というのである。さらに十日には、船井郡宍人《ししうど》（京都府南丹市）の国衆小畠永明に対し、「その方の手助けにより光秀が丹波に入国し、「相違なく申し付け」た」ことを感謝する書状を出している（『新修亀岡市史　資料編第二巻』七号）。

十日までに光秀が丹波に入国したことが判明する。小畠氏は戦国時代以来の細川京兆家被官であった（馬部隆弘『戦国期細川権力の研究』）。

実際、六月に光秀が丹波に入ったことは、龍安寺《りようあんじ》の記録からも裏づけられる。同寺は「明智十兵衛方丹波へ入国ノ時」の音信として、樽桶一つを進上している（『大雲山誌稿』）。また妙心寺も、「明智丹州在陣に就き音信」として酒を贈っている（『正法山妙心禅寺米銭納下帳』）。ただし、このときの「入国」「在陣」は、多分に示威的なものであったと推測される。丹波の国衆たちが信長に従うことを確認して（「相違なく申し付け」て）、いったん引きあげたのではあるまいか。十日付の信長書状が過去形の語り口に解釈できるからである。

ところが、事はそう簡単に収まらなかった。やはり内藤氏・宇津氏が従わなかったようだからだ。信長はあらためて十七日付の文書で、永明に次のように伝えている。

内藤・宇津の事、先年京都錯乱の刻、この方に対し逆心、いまだ相休まざるか。出頭なきの条、誅伐を加うべきため、明智十兵衛尉差し越しおわんぬ。郡内面々疎略なきにおいては、別して粉骨を抽んずべし。しからば身上の儀、いささかも相違あるべからず。もしかの両人一味の族《やから》これあらば、同じき事に成敗せしむべし。忠節簡要たるべきの状くだんのごとし。

天正三　六月十七日　　信長朱印

小畠左馬進（永明）殿

（『新修亀岡市史 資料編第二巻』九号）

一見、前段が先に引用した川勝宛の文書とおなじようだが、傍線部が異なる。川勝宛は「出仕しなければ」と仮定形になっていたが、ここでは「出頭しないので」「（光秀を）差し越しおわんぬ」と順接の過去完了形になっている。双方とも後世の写しであり、慎重な検討が必要ではあるが、字句に忠実に解釈し、日付を考えると、この間結局、内藤氏・宇津氏が信長に従う姿勢をみせず、あらためて光秀を派遣するという流れが想定できよう。

光秀が実際、七月に宇津氏を攻めるため丹波に出陣したことが、光秀と小畠氏をめぐる福島克彦の詳細な研究によって明らかにされている（「明智光秀と小畠永明」）。福島が天正三年と比定した七月二十四日付の永明宛光秀書状（光五九号）によれば、二十六日に船井郡の桐野河内《きりのこうち》に着陣予定なので、土民・侍の身分に関係なく、杣《そま》まで駆り集め、鋤《すき》・鍬《くわ》・まさかりなどを携えて出陣してほしいと要請している。丹波における光秀軍の貧弱さをうかがわせる文面である。

越前攻めと小畠永明

　ところが、七月の丹波攻めは中断を余儀なくされる。まもなく信長は越前一向一揆を攻めることを決め、光秀にも出陣命令が下ったからである。第二章でも述べたように、信長は八月十二日に岐阜を発ち、十四日に越前敦賀に入った（『信長記』）。光秀は十四日まで坂本在城が確認されるが（『兼見卿記』）、十五日には敦賀から全軍が動いているので、その日のうち、急いで敦賀へ移動したのだろう。

　このとき、丹波に小畠永明が残って活動をつづけ、そこで負傷したと考えられていた。この時期の永明の負傷は、第四章の【書状3】からもうかがえる。ところが、東京大学史料編纂所架蔵影写本『小畠文書』に収められた天正三年とみられる八月二十三日付の永明宛丹某書状（図5-2）を読むと、どうもそうではないらしい。

　差出人の丹某はおそらく丹波の武士であると思われる。この書状のなかで丹は「今度は越州に至りご出陣の由に候。殊にご高名《こうみよう》比類《ひるい》なき由に候」「御手を負われ候間、如何候や」と、永明が越前に出陣し、高名をあげ、負傷したことを心配しているのである。

　それを踏まえて、この時期に永明負傷を気づかった光秀書状二通（八月二十一日付の光六〇号【書状3】と九月十六日付の光六一号）を読み直すと、前者には「今度御出張、殊に

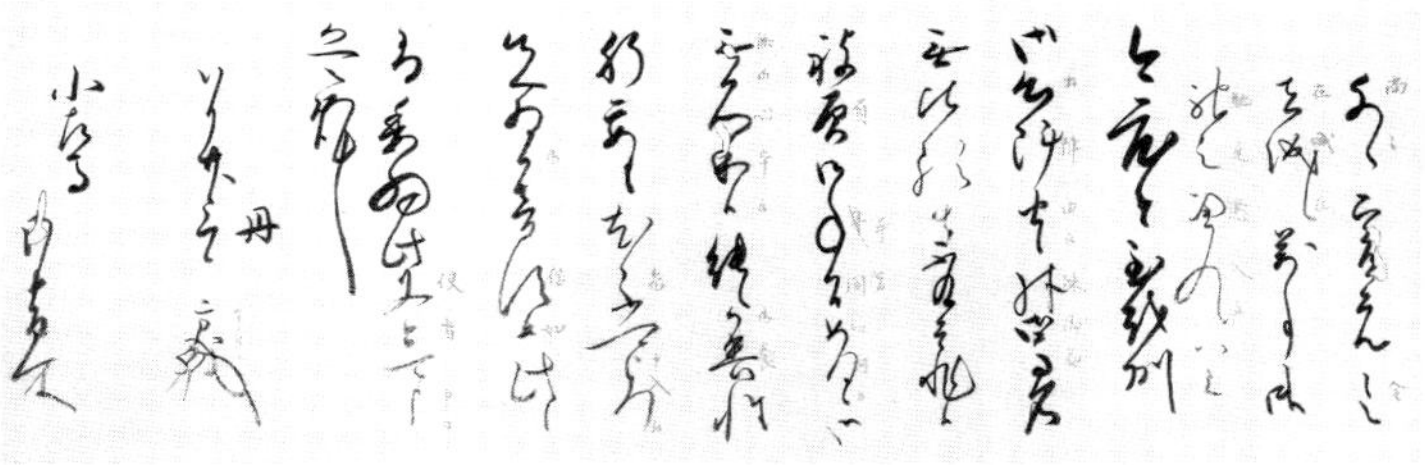

図5-2　（天正３年〔1575〕）８月23日付小畠永明宛丹某書状（小畠文書、東京大学史料編纂所所蔵影写本）

お働きの恩賞、存じ寄るほどはあるまじく候えども、何卒志をあらわすべく候」（現代語訳は第四章参照）、後者には「今度越州へ出陣の処、懇志と言い、また手前お働きと言い（今回の越前出陣にさいし、あなたの懇切な態度と言い、またあなたのお働きと言い）」とある。これは永明の出陣・高名・負傷を指すのではないだろうか。

福島によれば、永明は小畠氏の家督常好の弟にあたり、兄が丹波の本貫地《ほんがんち》を守るいっぽうで、もっぱら「光秀の丹波攻略戦の前線で直接指示を受けて活躍する」という役割を担っていたとされる。

それを考えると、七月の丹波攻め以降、永明はそのまま光秀に従い、一緒に越前に出陣し、二十一日（光六〇号）以前の、おそらく緒戦、府中攻めに向かう段階で負傷したため、丹波（もしくは京都）に戻り療養していたと考えられるのである。だからこそ、光秀は永明の負傷をいたく心配したのだろう。永明、ひいては小畠氏は、丹波における随一の協力者であったからだ。

越前平定後の丹波・丹後仕置

話を信長が一向一揆を討ち、越前を平定したあとに移そう。越前は柴田勝家以下の家臣たちにあたえられることになった。『信長記』には、これにつづけて次の興味深い記事がある。

維任日向守、直に丹後へ相働くべきの旨に候。
一、丹後国、一色殿へ参《まい》らされ候。
一、丹波国桑田郡・舟井郡、細川殿へ進《しん》ぜらる。

光秀は越前から直接丹後へ入った。このことは【書状3】から裏づけられる。そこでは「これより直に丹後へ相働くべく候」「かの国より直に宇津処へ押し入るべく候」とあった。すなわち丹後経由で南下し、宇津氏の再攻撃に取りかかる予定だった。この書状からは、丹波何鹿郡の土豪上林衆から、道路状態がよいことを知らされていたことがわかる。上林衆は光秀に協力的だったらしい。

九月十六日付の永明宛書状（光六一号）によれば、二十一日に丹波に入る予定が告げられている。ただし別の文書によれば、二十三日には近江に戻っていたので（光六三号）、このときも本格的な攻撃をおこなうような入国ではなかったようである。

さて、右の『信長記』記事で問題なのは、丹後・丹波両国の処置である。丹後は一色氏にあたえるとある。一色氏の当主義道は、藤孝にともなわれ四月に信長に拝謁した（『宣教卿記』）。このとき信長に従うことになったのだろう。越前攻めでも、おそらく家臣とおぼしき矢野氏・大島氏・桜井氏とともに、丹後から攻め入る軍勢に含まれていた（『信長記』）。信長は旧来の守護家である一色氏に丹後支配を委ねた。

それでは、丹波の桑田郡・船井郡をあたえられた細川殿とは誰であろうか。文献によってはこれを藤孝とするものもあるが、『信長記』において藤孝は、この前後は永（長）岡兵部大輔と書かれているので、藤孝ではない。殿という敬称がつけられているところをみると、細川京兆家当主の信良《のぶよし》を指すと思われる。つまり丹波（少なくとも桑田・船井二郡）もまた、旧来の守護家に戻されたのである。

信良はかつて昭元《あきもと》と名乗っていたが、義昭の京都退去後、信長に従い、おそらく信長の諱「信」をもらって信良と改名した。また、天正三年末から四年にかけての時期に、信長の妹犬《いぬ》を娶《めと》り、信長の義理の弟となるなど、信長に優遇される（野澤隆一「細川昭元考」）。

そこに丹波桑田・船井郡の給付を位置づけると、いくつか腑に落ちる史料がある。

天正三年十二月に、「右京大夫女房衆（信良妻犬）」に丹波国桐野河内の伊勢因幡分をあたえるので協力するようにという信長の朱印状が、光秀に対して出されていること（信補遺一七五号）、天正二年二月十八日に信良が信長に宛てた書状（仙台市博物館所蔵『遠藤山城文書』）のなかで、信良の意を伝えた家臣「丹波守（細川丹波守清孝）」はその後、光秀の麾下で活動していたらしいこと（『兼見卿記』天正八年閏三月十三日・同九年正月十三日・同二十六日条）がそうである。

また、天正四年とみられる四月十二日付で光秀が永明に宛てた書状のなかで、「御屋形《おやかた》様に御見参《ごけんざん》これなく候つる由に候」とある（光一三四号）。この時点で光秀は信長を上様と呼んでいるから、御屋形様は信長ではない。小畠氏にとっての御屋形様は、先に述べたように京兆家家督たる信良を指すと考えられる。実際にこの時期、信良をたんに御屋形様と呼ぶ史料がほかにもある（『大雲山誌稿』『賀茂別雷神社文書』など）。そのようなことを考えると、丹波攻略を任された光秀の上に信良が置かれた、という可能性を想定しなければならない。

もちろん、これまで『信長記』の細川殿を信良と指摘する研究はあった。信良に関する唯一の専論「細川昭元考」の著者野澤隆一は、信良の年表のなかでそう記している。また、細川氏の領国支配について検討した吉村豊雄もまた、細川殿を信良だとする（「幕藩制成立期における大名の権力編成と知行制（一）」）。しかし、野澤は本文中でこのことに言及せず、吉村も、ではなぜ信良に二郡があたえられたのかという点までは深く追究していない。

なぜ光秀が丹波と関わったのか

さて、ここで本章冒頭に掲げた設問に戻ろう。

ここまで述べてきたところで、おおよそ察していただけると思うが、天正三年六月という時機は、長篠の戦いにより武田氏の勢力を削いだことで、信長がようやく別の方面に力を注げるようになったということである。

なぜ丹波かという点は、この時期、天下人たる信長が目指していた政治理念〝天下静謐〟を維持するうえで（拙著『織田信長〈天下人〉の実像』）、将軍義昭が流浪のすえ拠点を構える可能性のある場所を、この機会にあらかじめつぶしておこうという考えがあったのだろう。信長が宇津氏のもとに義昭が移ることを警戒していたことは、先に見たとおりである。

ではなぜその任務が光秀に任されたのか。これはその前に藤孝が桑田・船井両郡武士の動員を命ぜられ（それは、はかばかしい成果を得られなかったようだ）、その後に信良が両郡をあたえられたということを考えれば予想がつく。信長はいきなり軍事力をもって丹波を押さえつけるのではなく、旧室町幕府権力に連なっていた藤孝や光秀、そしてもともとは守護として支配をおこなっていた京兆家の当主信良を用い、親義昭方国衆の恭順工作から進めようとしたのではあるまいか。

光秀文書の書札礼を検討した小久保嘉紀《よしのり》によれば、光秀は丹波の国衆に対し、「高圧的な姿勢で接することなく、柔軟な姿勢で接して懐柔しようとしていた」という（「明智光秀の書札礼」）。書状の書き方という点からも、光秀が当初負った任務の方向性がみてとれる。

天正三年六月という時点は、いまだ越前平定前であるから、信長家臣のなかで単独に一国単位での攻略・支配を任された者はいない。そのなかであえて丹波を光秀に任せたのは、光秀の能力もさることながら、右に述べたような事情があったと考えるべきである。

もとより、桑田・船井郡をあたえられたとする信良の権力は、ほとんど実効性がなかったと思われる。信良は、看板として担がれたうえに、伝統的な京兆家としての人的資源は、前述の細川清孝のように、そのまま光秀家中に吸収されてしまったように思われる。このことは、室町幕府政所頭人《まんどころとうにん》を務めた伊勢氏が、当主貞興《さだおき》やその被官たち含め、光秀に属して活動したとする木下昌規の指摘からも示唆を受ける（『戦国期足利将軍家の権力構造』）。

木下は、その理由を、光秀にとって、幕府政所として御料所《ごりょうしょ》支配など丹波と地縁のあった伊勢氏を配下とすることに、丹波を攻略してゆくうえでの利点があったからではないかと推測する。ここまで述べてきたことからも明らかなように、これは光秀一人の問題でなく、信長が丹波を治めるにあたり、まずは旧室町幕府の管領家や政所伊勢氏らを利用して進めようとした結果なのだろう。

波多野秀治の逆心と荻野直正らの帰順

前述のとおり、九月下旬に越前から丹後・丹波経由で坂本に戻った光秀は、十月初旬にふたたび丹波に出陣した。このときは本格的な軍事行動だったらしい。目的は黒井城の荻野・赤井氏攻めである（信五五七号・五六四号）。

丹波の隣国但馬《たじま》の山名氏（信長から支援を受けていた）配下であった同国八木城（兵庫県養父《やぶ》市）の八木豊信《とよのぶ》が、十一月二十四日付で吉川元春《きつかわもとはる》に送った書状によれば、次のような経緯であった（『大日本古文書　吉川家文書』五九八号）。

信長に対して但馬の出石《いずし》（兵庫県豊岡市）・竹田（同朝来《あさご》市）から支援要請があったので、光秀が丹波に入った。すると、竹田城を攻撃中であった荻野直正が居城黒井に引きかえし籠城した。光秀軍は周囲に十数ヶ所の付城を築いて黒井城を取り囲んだため、兵粮も乏しく、年明けには落城するのではないかという噂である。「丹波国衆過半残す所なく惟日（光秀）一味に候」とあって、丹波はほぼ光秀が掌握しかかっていたのである。

ところが翌四年正月、情勢は一変する。多紀郡八上城の波多野秀治が離反したのである。多紀郡は京都から黒井城のある氷上郡に向かう途中にある地域なので、光秀にとって背後に敵が生じたことになる。このため光秀は「敗軍」して、いったん京都に戻らざるをえなかった（『兼見卿記』天正四年正月十五日条）。龍安寺は、正月に「奥丹波より桑田へ下向」した光秀に昆布を進上した（『大雲山誌稿』）。彼が奥丹波たる氷上郡から京都に近い桑田郡まで撤退したことを示している。

その直後の正月二十一日、上洛後坂本へ下向しようとしていた光秀を吉田兼見が見舞っている。兼見は「今度不慮の儀」を見舞ったとある（『兼見卿記』）。「不慮」なることばから、秀治の逆心は突然の災厄と第三者に受けとめられていたことになる。

しかし、ほどなく二月には態勢を立て直し、再出陣したようだ（同右二月十八日条）。ただ、光秀自身は四月上旬にまたしても丹波を離れ、本願寺攻めのほうに加わっているが（『兼見卿記』『信長記』）、丹波の小畠永明に対しては、宍人から、当時光秀の丹波における拠点であったとされる余部に出てくるように指示を出している（光一三四号・福島「明智光秀と小畠永明」）。不在中の指示だろうか。

ここで不思議なことがある。天正三年における光秀の主たる標的であった黒井城の荻野氏・赤井氏の動向である。

鈴木将典や福島克彦の年次比定によれば、光秀は天正四年の四月十四日、赤井忠家・荻野直正が信長に帰順したことを矢野弥三郎なる人物に伝えている（光一三五号）。これは前日付の信長朱印状（信八二二号）の副状《そえじょう》にあたる。

この信長・光秀の文書を要約すると、赤井・荻野の両名が帰参を申してきたので赦免する。しかし去年以来、自分たちに味方してくれている者たちの知行は保証する、というのである。光秀書状に「去年以来御馳走の旨申し上げ候処」とあるので、黒井城を攻撃する裏で帰順の交渉もおこなっていたことがわかる。光秀は、当初課せられた使命（丹波国衆の懐柔）を忠実に果たそうとしていた。結果として、波多野秀治が離反したにもかかわらず、荻野氏・赤井氏に対しては交渉が成功したことになる。

さらに、光秀書状には「いずかたは存ぜず、出陣の旨仰せ出され候（どこへ行くかはわからないけれども、信長から出陣命令が出た）」とある。これは四月の大坂攻めを指すのだろうか。『信長記』にて光秀が出陣したとされる日とおなじ日付の書状である点は気になる。信長から出陣命令が出たものの、「そこもと遠路の儀に候間、まずは無用に候」と、宛所の矢野の出陣にはおよばないとある。丹後一色氏の家臣に矢野氏がおり、「遠路」とあるので、丹後の人間でよいのかもしれない。

義昭の動向と光秀大病の原因

ところが、ここでまた予想もしなかった不運が光秀の身を襲う。それより前の天正四年二月、義昭が備後鞆《びんごとも》(広島県福山市)に下向したことを受け、同年五月頃、毛利氏が義昭を助けて信長に敵対することを決意したのである。これにより、またしても丹波・丹後の情勢が一変してしまった。

丹後の西南部に位置する与謝《よさ》郡加悦《かや》(図5-1)の国衆石河繁が、毛利氏の義昭荷担を知って吉川元春に連絡した書状がある(『吉川家文書』八八号)。五月十九日付のこの書状のなかで石河は、「我らの事、連々信長に対し遺恨のみ」しかないので、この機会を幸いとして、荻野悪右衛門(直正)・赤井刑部少輔と相談して毛利氏に忠節を誓いたいと述べている。

丹後の国衆がそれほどまでに信長に対して深い遺恨を抱くようになった事情は不明だが、信長が支援する一色氏に対立し、丹後においても丹波同様容易に従わない勢力があったのかもしれない。実際、八月には一色昭辰なる義昭側近が、修理大夫《しゅりだいぶ》一色義辰をこの機会に本国に戻してほしいと元春に懇願している(『吉川家文書』四九三号)。『宮津市史』通史編上巻では、この人物を「義昭に属して、反信長で抵抗する丹後一色氏一族」と推測している。

結局その後も光秀は荻野・赤井氏と戦っているので、毛利氏の敵対をきっかけに、黒井城のふたりは帰順の約束を反故にしたと考えざるをえない。光秀の努力は水泡に帰したのである。

第三章にて述べたように、天正四年に光秀は大病に罹《かか》る。史料のうえでそれがわかるのは、五月二十三日のことである（『兼見卿記』）。これまでの研究では、丹波・大坂といった相次ぐ転戦（による疲れ）などが一因ではないかと推測されている。たしかにそれもあろう。そのうえで、義昭と毛利氏の同盟をきっかけとした荻野・赤井両氏の従属失敗が光秀を落胆させ、その心労も重なったのではないかと考えるのは、穿ちすぎだろうか。

丹波攻略の拠点亀山城

大病に罹った光秀であるが、このまま手をこまねいてばかりではなかった。大病から回復したあと、八月十五日に小畠永明に対し、「不日奥郡へ相働くべく候条、大村（兵庫県南丹市）の田中方人質御請取り候て、余部まで越さるべく候」と指示を出している（光一五四号）。福島は天正三年もしくは四年と推測しているが（前掲論文）、余部へ人質を集めようとしていることと、天正三年八月は永明が越前に出陣していることから、天正四年と考えた。

この書状によれば、まもなく奥郡、すなわち氷上郡へ出陣するつもりである旨を述べている。天正四年は、七月から十月までの光秀の動向が判然としない。この書状にあるように丹波へ出陣したのかもしれないし、早島大祐が述べるように、出陣せずに療養をつづけたのかもしれない（なお十月には妻の罹病により在京が確認できる）。

多紀郡・氷上郡への本格的な軍事行動が必要になったこともあるのか、光秀は、翌年天正五年から、丹波における拠点亀山城の築城を開始する。亀山城は、位置的にそれまで拠点としていた余部のやや東にある。

正月晦日付で丹波の国衆小畠永明・長（中）沢又五郎・森安某に宛て、二月五日から十日までの「亀山惣堀《そうぼり》」普請を命じ、鋤・鍬・もっこなどを持参して亀山へ集まるよう指示した（光七一号）。この惣堀が、亀山城を囲む堀を指すのか、城下町全体のそれかは福島も断定を避けている。

亀山城の普請がひと区切りついたのは、四月のことだと思われる。『藤孝公譜』（宇土家譜）にて、天正五年四月八日の記事として、「丹州亀山において惟任日向守城初《しろはじめ》興行」が催されたとあるからである。「城初」とは竣工なのかどうかはっきりしないのだが、何か節目の重要な儀式であったことはたしかだろう。そこで連歌が興行され、招かれた藤孝は、「亀の尾のみとりも山の茂り哉」という発句を詠んだ。

亀山城の弥栄《いやさか》を祈念して、「亀」「山」の地名を織りこみ、四月という初夏の季節、城が所在する山の緑と亀の尾の緑をかけた技巧の句である。のちに編まれた『綿考輯録』では、これを天正六年のこととして載せる。しかし、天正六年四月八日に藤孝は在京しているという早島の指摘があり（「細川藤孝の居所と行動」）、先の惣堀普請の文書などを考えあわせれば、やはり宇土家譜が記すように五年の可能性が高い。

多紀郡への出陣

亀山城を拠点として、多紀郡への攻撃が開始されたのは、天正五年十月頃である。吉田兼見は、二十九日、光秀が籾《もみ》井《い》館に攻撃を仕掛けたという情報を日記に記した（『兼見卿記』）。籾井は、亀山のある桑田郡から、船井郡を経て、八上城のある多紀郡に入るあたりにあった城である。

これに先立ち、光秀は永明を亀山に呼び寄せ、何やら相談しようとしている。『明智光秀　史料で読む戦国史』未収の文書なので、ここで紹介しておきたい。

　なおなお、雨降り候とも、明日は待ち申し候。御弓断（油）あるべからず候。以上。
この仁《じん》へ委細の儀御分別候て、早々人を御越《おこし》あるべく候。よって直談《じきだん》申したき儀候間、如何様の御隙《ひま》入《い》り候とも、明日早々亀山まで御越あるべく候。我々もやがて志賀へ罷

図5-3　（天正５年〔1577〕）10月23日付小畠永明宛惟任光秀書状（「古文書纂」31より、京都大学総合博物館蔵）

り帰り候間、御煩い然々《しかじか》これなく候わば、乗物候てなりとも、御越待ち申し候。委曲この仁申し候。恐々謹言。

十月廿三日　　日向守光秀（花押）

小左馬　御宿所

（『古文書纂』三十一、図5−3）

亀山という地名が出ること、永明は天正六年三月以降、越前守を名乗ること（福島前掲論文）から、天正五年と考えた。内容は、直接話したいことがあるので、どんなに忙しくても明日亀山まで来てくれというもの。煩いがさほど重くなければ、乗物（輿などを指すか）を使ってもいいから待っているというあたり、第四章で見た病気に敏感な光秀の個性がこの書状にもあらわれている。

　まったくの推測になるが、この相談は、多紀郡へ向け出陣するためのものだったのかもしれない。ただし光秀はいったん志賀（坂本城）に帰るとあるので、そのまま亀山から兵を出すのでなく、坂本で準備してからということなのだろうか。

十一月には、「籾井両城」を乗っ取り、郡内の敵城一一箇所を落とし、荒木氏綱の細工《さいく》所《しょ》城（荒木城、兵庫県篠山市）と波多野秀治の八上城を残すのみとなったと某人宛の書状に書いている（光七三号）。しかし、細工所も八上ももちこたえた。細工所城が落ちるのは翌天正六年四月のことである。しかも、滝川一益と惟住長秀の援軍を得て、ようやく開城させることができた（『信長記』）。

もちろん、この間ずっと光秀が細工所城攻めにかかりきりになっていたわけではない。天正五年冬頃から翌六年春にかけ、京都・奈良・安土・坂本などに滞在していることを示す史料が残っている。

いま紹介した某人宛書状（十一月十七日付）では、「上様御上洛につきて、かの表の様子かたがた御諚《ごじょう》を得べきため」前日京都に入ったとある。信長が上洛したので、多紀郡攻めを報告し、今後の指示を仰ぐため、光秀も京都に入ったのである。十八日に信長は京都近郊で鷹狩をしているが、早島は光秀も同行したのではないかと推測している。丹波攻めについて信長の指示を受けようとする光秀の姿がある。

十二月には、大和興福寺最大の法会である維摩会《ゆいまえ》の費用を調達するための反銭の徴収が滞っているという訴えを受け、そのてこ入れのために奈良に入っている（『大会方日記』・拙稿「天正年間興福寺別当の日記について——『尋憲記』と『東北院兼深記』」）。これは大和をも所管する「近畿管領」としての仕事であろうか。

年が明けた天正六年正月一日は、安土にて信長に年始の挨拶をし、信忠をはじめ、一益・秀吉・長秀ら重臣たちとともに茶会に列した（『信長記』）。おそらくそこで信長より八角釜を授かったものと思われる。十一日に釜開《かまびらき》の茶会を開いている（『天王寺屋会記』宗及他会記）。

三月十四日に、黒井城の荻野直正が病死したという噂が兼見の耳に入ってきた（『兼見卿記』）。それと直接関係するかはわからないが、四月に、先に述べた細工所城攻めがおこなわれたのである。

八上城攻め

天正六年四月に細工所城を落とし、そのまま八上城攻めに取りかかったわけではない。この直後、第四章の【書状8】で取りあげた播磨出陣が入る。これは七月あたりまでかかった。『綿考輯録』の記事であるが、播磨神吉《かんき》城（兵庫県加古川市）が七月に開城を申し出たとき、光秀の媒《なかだち》によって和睦が成立したという。

この年、史料のうえで光秀が八上城攻めに着手したことがわかるのは、九月になってからである。十四日に亀山へ至り、十八日には八上城の背後の山へ陣取るつもりであることを書状に書いている（光七七号）。

ところが、今度は摂津有岡《ありおか》城の荒木村重が信長から離反する。十月、信長は村重の真意をたしかめるための使者の一人として、光秀を派遣した（『信長記』）。結局村重の叛意が明らかとなり、十一月にかけて信長は摂津に出陣する。光秀もその軍勢のなかにあった（光七九号）。

この間、丹波では、光秀の留守をついて亀山城付近に敵勢が攻撃を仕掛けてくることもあったらしい。光秀は永明らに対して警戒するように注意している（光八一号）。やはり光秀（および彼が率いる兵）がいないと、攻撃を継続するどころか、逆に守勢にまわらざるをえなかったようである。

摂津出陣での光秀の最後の任務は、有馬郡三田《さんだ》（兵庫県三田市）に付城を構築することであった。それを済ませた光秀は、十二月二十一日に多紀郡に戻っている（光八四号）。三田からは、丹波街道を北に進めば三〇キロメートル程度で丹波に入ることができる。

『信長記』によれば、光秀の兵のみで八上城の周囲に塀・柵などを「獣《けだもの》の通ひもな」いほど何重も設け、厳重に包囲した。光秀自身は、このときも翌天正七年正月までには坂本に戻っていたようである（『天王寺屋会記』宗及他会記・『兼見卿記』）。

光秀不在中のこと、八上城を攻めるため、北の丘陵地帯に構築していた付城のひとつ籠山（ロウ山、福島「明智光秀と小畠永明」）に敵が来襲し、光秀の第一の協力者であった小畠永明が討死した。天正七年正月二十六日以前のことである。彼の訃報を知らされたことに対する返事のなかで、光秀は永明を「明越」と呼んでいる（光八五号）。永明もまた、佐竹宗実同様、明智の名字をあたえられるほど信頼を得ていた。

二月に出陣した光秀は、いったん坂本や京都に戻りつつも、八上城攻めを継続し、包囲を維持して兵粮攻めにしたすえ、開城させたのは六月のことであった。『信長記』には、食べる物がなくなり捨て鉢になった城内の兵が「了簡《りょうけん》尽き果て無体《むたい》に罷り出で候を悉く切り捨て」た果てに、波多野秀治兄弟は調略（開城交渉）によって降伏したとある。

たしかに、光秀は開城直前、城内の兵が打って出てくることを警戒し、調略中なので無駄な攻撃をしないよう攻め手に命じていた（光九一号）。ただ実際、激しい戦闘があったことはたしかで、光秀麾下の明智秀慶（佐竹宗実）兄弟がこのときのいくさで負傷したようである（『兼見卿記』）。

その後、秀治たちは、京都・坂本を経由して安土に送致され、処刑されている（『兼見卿記』『信長記』）。細工所城が落ちてから、さらに一年以上が経過していた。

光秀に期待する領主たち

八上城を落とした光秀軍が次に攻略すべき敵対勢力のおもな拠点は、桑田郡宇津城と氷上郡黒井城であった。すぐそちらの攻撃に移ったかはわからないものの、光秀自身は六月二十二日には坂本にいた。吉田兼見が坂本に光秀を見舞っている（『兼見卿記』）。秀治らを連行したあと、そのまましばらく滞在していたのだろうか。

八上城落城の知らせはさまざまなところに届いたのだろう。そのことに関して興味深い動きがある。丹波制圧に至る光秀の次の軍事行動を見るまえに、ここでいったん立ち止まり、その動きを紹介したい。

京都の賀茂別雷神社は、氷上郡に由良荘《ゆらのしょう》という荘園をもっていた。黒井城のすぐ近く、現在は丹波市氷上町北由良・南由良あたりに所在した荘園である。寿永二年（一一八三）には賀茂社領として確認されている古い社領で、室町時代の応永元年（一三九四）に足利義満によって神社に本家職《ほんけしき》が安堵されている（『史料纂集　賀茂別雷神社文書一』一六号）。

戦国時代に至ってもかろうじて存続していたような痕跡はあるものの、信長が丹波を攻めていた頃、神社による支配はほとんど実効を失っていたとおぼしい。関係する文書が残っていないのである。ところが、光秀が八上城を落とした直後の時期、由良荘をめぐる史料が突如あらわれる。

神社では、光秀が八上城を落としたあと、次に氷上郡の黒井城攻略に向けて動き出したという情報を入手したのではあるまいか。神社の神事などを運営する氏人惣中が毎月作成していた算用状（会計帳簿的な文書）のなかで、天正七年六月に「維任殿へ御音信」として銭一貫文を贈った項目が確認されることは注目できる（以下、ここで年月を示して述べる記事は、『賀茂別雷神社文書』中に残る職中算用状を典拠としている）。

これまでも神社から光秀に対しては、毎年のように年頭の挨拶などをしていた（天正三年正月・同四年六月・同五年正月・同六年三月など）。ただ、このときは多少、様子がちがっている。翌七月には、「斎藤内蔵助《くらのすけ》殿へ由良の儀に御音信」「内蔵助殿へ宗徳《そうとく》坂本まで路《ろ》銭《せん》」「内蔵助殿御母儀《ぼぎ》へすすのさけ（錫の酒）」として一貫文・一〇〇文・五〇文が、八月には「由良庄の儀に御状両三度御調えの間、さけ肴」「惟任殿奏者」「丹波へ雑掌《ざっしょう》路銭上下七日分」として米五升・二〇〇文・一貫七五〇文が、また同様に「維任殿へ参る板物」「斎藤内蔵助殿へ楪《ゆがけ》二具」として米一石・同三斗二升が、十月には「由良庄の儀につき治部《じぶの》少輔《しょう》坂本へ御越しの時門出《かどで》錫一対《いっつい》、肴まで」「惟任殿・内蔵助殿房鞦《ふさしりがい》代」「惟任殿へ鞦の台二つ」として米三升七合五勺・同一石五斗・五〇文が、それぞれ支出されているのである。

これら算用状の記事からは、七月に神社が斎藤内蔵助、つまり光秀重臣の斎藤利三《としみつ》経由で由良荘について何らかの働きかけをしていること、利三だけでなく彼の母にも付け届けをしていること、光秀や利三に板物（唐織物《からおりもの》）や、碟（弓を射るさいの手袋）・鞦（馬の頭や胸・尾などに飾る房のついた緒）などの武具を贈っていることがわかる。利三の生母は室町幕府政所代の蜷川親順《にながわちかより》の娘と言われている。蜷川氏は丹波に所領があったという（桐野作人『だれが信長を殺したのか』）。算用状に見える母が蜷川氏ならば、付け届けを受けるほど、彼女は何らかの影響力をもっていたのであろうか。

実は『賀茂別雷神社文書』中に、右の動きに対応する利三や光秀の書状も残っている。

　なおもって、社中へも御心得に預かるべく候。
宗徳下国、様子は細かに承り届き候。丹波多喜郡の儀は相済み候。未だ氷上の儀は相済まず候。連々をもって申すべく候。御存知のごとく、我々身上も爰許《ここもと》新らしき躰に候間、万事斟酌《しんしゃく》を加え候。その御分別専用に候。なおふと罷り上り、面上《めんじょう》をもって申すべく候。恐惶謹言。

七月八日　利（花押）
斎内蔵
「（墨引）
印　御返報　利三」（上書）

（『賀茂別雷神社文書』Ⅱ―F一七二号）

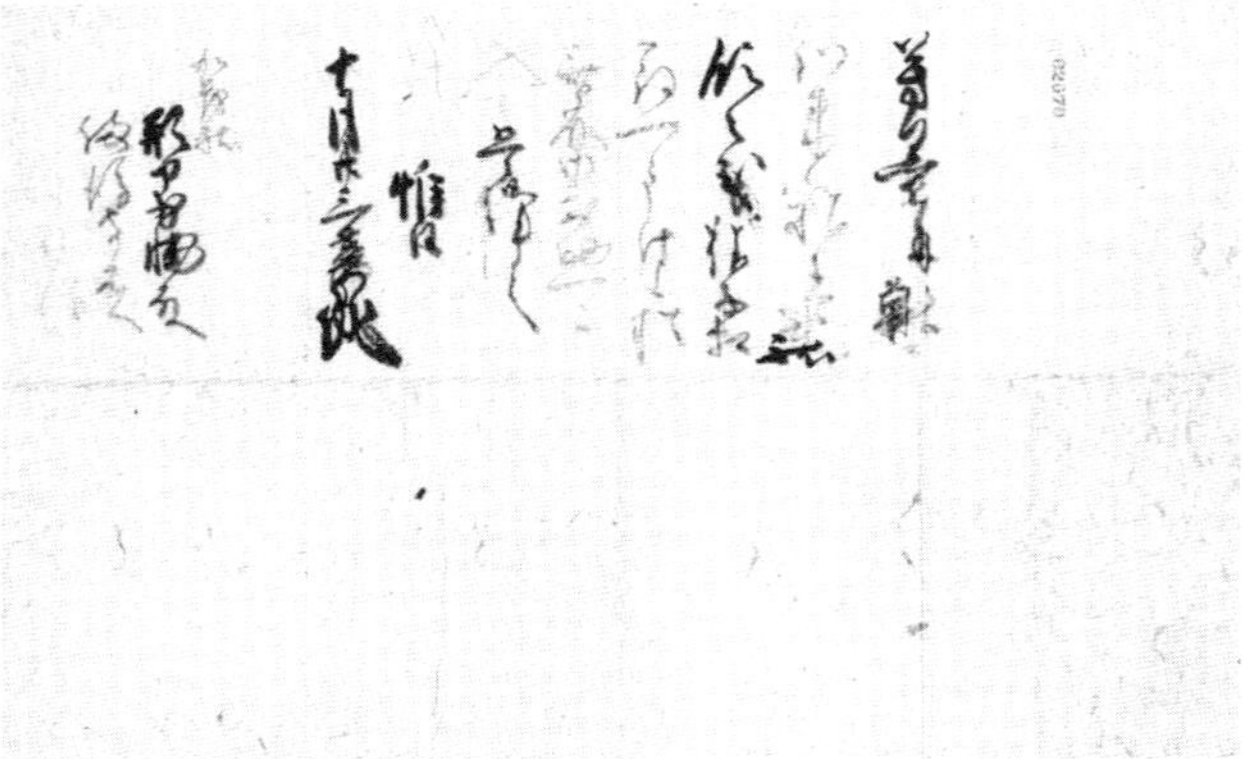

図5-4　（天正７年〔1579〕）10月23日付賀茂社刑部少輔・備後守宛惟任光秀書状（賀茂別雷神社文書、賀茂別雷神社蔵）

事情は不明だが、おなじ日付でほぼ同内容の仮名書きの利三書状も残っており（F一七三号）、そこでは、「しやちう《社中》おほせ事候御しやりやう《社領》の事。いまたひかみのこほり《氷上郡》はひうか《日向》殿御て《手》にも入候はす候。そのうへたれ〳〵《誰々》事も、いまたこゝほと候事もうゐ〳〵《初々》しきていに御入候まゝ、さやうの事も中かたく候」とある。

つまり七月八日の時点で、（八上城が所在する）多紀郡は平定したものの、いまだ（黒井城のある）氷上郡は光秀の手に入っていない状況であり、平定した地域であっても新規に手に入ったばかりなので、慎重に支配を進めているから、少し時間がほしい、というのである。神社が七月に利三や彼の母に音信したとき、由良荘についての善処を懇願したのだろう。これに対する利三の返事が右の文書であると思われる。

賀茂社では八月・十月と引きつづきふたりに働きかけているが、その結果、十月二十三日付の文書が神社にもたらされている。光秀の書状は次のとおりである。

芳墨《ほうぼく》ならびに鍬到来候。祝着の至りに候。社領の儀、様子相尋ね、申し付くべく候。なお斎藤内蔵助申し入るべく候。恐々謹言。

十月廿三日　　惟日　光秀（花押）

加茂社

刑部少輔殿

備後守殿　御返報

（『賀茂別雷神社文書』Ⅱ—M一〇九号、光未収録、図5-4）

おなじ日付の利三による副状（同前Ⅱ—F一七四号）もあって、そこでは、鍬の礼を述べたうえで、「よって丹波油良庄に候御社領の儀、先度仰せらるる刻、申し詞《ことば》相済み候。ただいま御報《ごほう》申され候。様子相尋ぬべきの由に候」と、光秀の意を伝える返事をしている。

十月の算用状にあった贈物と一致するので、それに対応する文書である。ちなみにこの日は、後述する光秀による信長への丹波・丹後平定報告の一日前にあたる。

ここで光秀は、由良荘のことは調べて対応するという、神社にとっては望みを抱かせるような返事を出した。ただその後そこから何らかの収入があったかどうかは、関係する史料がほとんど残っておらず、判然としない。少なくとも翌天正八年二月に、由良荘現地へ神社から氏人が派遣されているのがわかる程度である。

このように、賀茂社では光秀が丹波多紀郡・氷上郡の制圧を進める情報をとらえ、これに機敏に対応して社領回復を画策した。おそらく丹波に所領があるほかの荘園領主たちも、同様の働きかけを光秀におこなったのではあるまいか。天正七年七月頃の、ちょうど多紀郡から氷上郡へと戦線が移るはざまの時期における支配の微妙な階調差がうかがえる貴重な事例である。

丹波制圧

さて、八上城落城後の光秀軍の行動を追いかけてみよう。

『信長記』によれば、天正七年七月、光秀が丹後方面へ軍勢を動かしたところ、当初より反信長の姿勢を崩さなかった宇津頼重が、宇津城を放棄して逃亡したので、これを追撃して討ち取り、首級を安土に進上したという。ついで丹後に近い天田《あまた》郡の鬼ヶ城（兵庫県福知山市）に迫り、付城を築いて攻撃態勢に入った。『綿考輯録』には、波多野一族が拠る丹後の嶺山《みねやま》城（京都府京丹後市）を藤孝らと攻めたとある。

黒井城への本格的攻撃は八月であった。『信長記』は九日に黒井城が開城されたとする。光秀の報告に対し信長は、「永々丹波に在国候て、粉骨の度々《たびたび》の高名、名誉比類なきの旨」を記した感状を光秀にあたえた。

その後、八月下旬頃は氷上郡の南方、播磨に近い久下《くげ》・和田（兵庫県丹波市）に在陣していたほか（光九三号）、氷上郡の寺庵や町人・百姓たちに在所への還住《げんじゅう》を命ずるなど戦後の秩序回復を進めている（光九二号）。さらに九月下旬頃には黒井城に近い国領《こくりょう》城（同右）を落城させた。これを某人に報じた書状のなかで、光秀は「三ヶ年以来の鬱憤散じ候」と書いている（光九四号）。

かくして、丹波はほぼ光秀の手中に入った。現地情勢が安定するのを見はからっていたのだろう、吉田兼見は十月十一日に丹波へ入り、翌日光秀を陣中に見舞っている（『兼見卿記』、このときの話は第三章で触れた）。光秀は加伊原（柏原）の城を普請中であった。

これと並行して、光秀と協力しながら藤孝が丹後攻略を進め、ほぼ同時期にいちおうの成果を得たようである（『宮津市史』通史編）。

光秀が安土に参上し、丹波・丹後平定を最終的に信長に報告したのは、十月二十四日のことである。『信長記』には、「維任日向守、丹後・丹波両国一篇《いっぺん》に申し付け」とある。一篇にとは、一どきに、一度にといった意味があるが、このばあいは「丹後・丹波を一円に平定して」と解釈したほうがよいだろうか。

天正三年六月に丹波入国を命じられてから、足かけ五年にわたる長い戦いであった。さして時間をかけずに国衆たちをまとめあげられるかと思いきや、そう簡単には事が運ばなかった。

ここまでくりかえし述べてきたように、この間、光秀が丹波にかかりきりになっていたわけではない。また途中、波多野秀治の離反、荻野直正・赤井忠家の帰順・離反があるなど、有力国衆の懐柔に苦心し、軍事攻撃へと方針を転換させざるをえなくなった。

さらに毛利氏の敵対により、播磨や摂津にも信長を脅かす不穏な動きが続発した。その間、光秀自身が大病を患うなど、いくさが長びいたのは、光秀の能力に問題があったというわけではないだろう。実際、信長は丹波平定を大きく賞しているし、翌年、重臣佐久間信盛を追放したときにみずから書いたという折檻《せっかん》状のなかでも、「丹波国日向守働き、天下の面目をほどこし候」(『信長記』)と、家臣の武功の真っ先に光秀の働きをあげている。

その後、丹波は光秀に、丹後は藤孝にあたえられ、それぞれ領国支配を進めてゆくことになる。その面については鈴木将典の論考に譲り、ここでは触れない。

光秀の丹波攻略

あらためて光秀による丹波攻略を追いかけてみると、天下人たる信長の家臣としての時間の大半を、彼はその任務に費やしたことがわかる。本章で取りあげた事跡を〈年表〉にまとめてみた（章末）。上が丹波、下が丹波以外での光秀の行動である。必要に応じてくりかえし触れてきたように、彼が背負った仕事は丹波攻略のみではなかった。じっくり腰を落ち着けて丹波攻めに専念することができなかったのである。

それは、たとえば天正四年には、関白二条晴良《はるよし》の邸宅を報恩寺《ほうおんじ》の敷地へ移転するための奉行になる（『言経卿記《ときつね》』）など、それ以前の仕事の延長線上にある京都に関わる仕事であったり、大和守護となった筒井順慶よりも上位の立場で大和における問題処理に関わるといった「近畿管領」としての顔、また信長の命に応じて軍勢を率いて丹波以外の場所へ馳せ参じる遊軍（畿内方面軍）の司令官としての顔など、それらを追いかけて述べるだけでそれぞれ一章分の分量になりそうな活動をこなしている。光秀は複数いたのではないか、と冗談で思ってしまいそうになるほど、多忙で多様な任務をこなしてきた。

信長が掲げた〝天下静謐〟を実現するため、義昭移座の芽をつむべく、義昭と浅からぬ縁があった光秀がえらばれ、丹波へ派遣された。そこで国衆たちの抵抗に遭い、四年以上かかって苦労したすえ、ようやく平定した。ところがその先に光秀を待っていたのは、主君に対する謀叛という運命である。

むろん、謀叛が光秀を待っていたというのはたんなることばの綾に過ぎない。結論先にありきになってしまう。そのように仕事を誠実にこなしてきたはずの光秀が、なぜ謀叛を起こしたのか、それを最後に考えなければならない。

〈年表〉天正3年から7年までの明智光秀の行動

和暦（年）	西暦（年）	月日	丹波関係	丹波以外
天正3	1575	6月上旬	丹波入国〔大・妙〕	
		6月19日	小畠永明に信長朱印状を伝達する〔光56〕	
		7月3日		惟任日向守の名乗りをあたえられる〔記〕
		7月26日	宇津氏攻め予定〔光59〕	
		8月14日		吉田兼見と坂本で会う〔兼〕
		8月15日		越前に参陣〔記〕
		8月21日		越前豊原に在陣〔光60〕
		8月23日		加賀に向かう予定〔光60〕
		9月21日	丹波入国予定（実際は丹後入国）〔光61〕	
		9月23日		大津（もしくは坂本）に帰る〔光63〕
		10月1日	信長、光秀を丹波派遣予定〔信557〕	
		10月9日	これ以前に丹波着陣、戦況を信長に伝える〔信564〕	
		11月中旬	この頃、丹波国衆の過半が光秀に従う〔吉〕	
天正4	1576	1月	龍安寺、光秀桑田郡下向に音信〔大〕	
		1月15日	これ以前に黒井城攻め、波多野秀治の逆心により敗軍〔兼〕	
		1月21日		坂本に帰陣〔兼〕

		1月29日	信長、川勝継氏に朱印状、忠節を励ます〔信623〕	
		2月18日	丹波に下向〔兼〕	
		2月20日	氷上表に出陣〔光69〕	
		4月14日	荻野直正・赤井忠家の帰順を矢野弥三郎に伝える〔光135〕	坂本を発し河内に在陣〔兼〕
		5月3日		大和に入り、筒井順慶の大和管轄を伝える〔多〕
		5月23日		病気により帰京〔兼〕
		7月14日		坂本にて兼見の見舞を受ける〔兼〕
		8月15日	永明に近日中の奥郡出陣予定を伝える〔光154〕	
		10月27日		妻の病気のため上京〔兼〕
		11月2日		この日まで在京〔兼〕
天正5	1577	1月晦日	亀山城惣堀普請のため人足を徴発〔光71〕	
		2月		根来攻めのため出陣〔記〕
		2月23日		長岡藤孝・順慶と海上から雑賀に迫る〔記〕
		4月8日	亀山城の城初連歌を興行する〔宇〕	
		9月14日		上洛〔兼〕
		10月1日		大和信貴山城に松永久秀を攻める〔記〕
		10月10日		信貴山城が落城〔記〕
		10月29日	籾井城攻めに向かう〔兼〕	

		11月16日	籾井城攻めを信長に報告するため上洛〔光73〕	
		11月18日		信長の京都鷹狩に同行？
		12月8日		維摩会反銭の徴収につき奈良に下向〔会〕
天正6	1578	1月11日		茶会興行、信長より拝領の八角釜開〔宗〕
		3月9日		坂本にて藤孝と面会〔兼〕
		3月14日	荻野直正病死の報あり〔兼〕	
		4月10日	滝川一益・惟住長秀とともに細工所城に荒木氏綱を攻め、奪取〔記〕 この間、藤孝ら多紀郡小山城を落とす〔宇〕	
		4月26日		京都に帰陣〔記〕
		5月2日		播磨明石に着陣〔光75〕
		7月		神吉城攻めの調略〔綿〕
		9月7日		坂本城にて連歌〔兼〕
		9月11日		坂本城にて連歌〔兼〕
		9月14日	亀山に着陣予定〔光77〕	
		9月18日	八上城攻撃の予定〔光77〕	
		11月1日		小畠永明の書状を京都で受け取る〔光79〕
		11月3日		12日の信長南方出陣を伝える〔光80〕
		11月11日		森河内に着陣予定〔光80〕

		11月14日	光秀の留守を狙い亀山が攻撃される〔光81〕	信長に従い摂津伊丹に出陣〔記〕
		11月19日		刀根山の普請中〔光82〕
		12月20日		摂津三田に付城を普請〔光83〕
		12月21日	播磨より多紀郡に入り、八上城攻め〔光84・記〕	
天正7	1579	1月7日		坂本にて茶会〔宗〕
		1月17日		兼見と坂本で会う〔兼〕
		1月26日	これ以前、多紀郡籠山攻めで永明が討死〔光85〕	
		2月18日	八上城を包囲中〔光88〕	
		2月23日		兼見と坂本で会う〔兼〕
		2月27日		京都において松井友閑の茶会に出る〔宗〕
		2月28日	亀山へ向け出発〔兼〕	
		3月16日	多紀郡に在陣中〔兼〕	
		4月4日	八上城の落城間近〔光90〕	
		5月6日	八上城の落城間近〔光91〕	
		6月4日	波多野秀治ら安土にて処刑〔記〕	
		6月22日		兼見と坂本で会う〔兼〕
		7月8日	斎藤利三、丹波の状況を賀茂別雷神社に伝える〔賀〕	
		7月19日	宇津城を落とす〔記〕	

8月9日	黒井城を落とし、信長から感状を下される〔記〕
8月24日	氷上郡久下から和田方面に出陣予定〔光93〕
9月22日	氷上郡国領城を落とす〔光94〕
10月12日	兼見と氷上郡柏原にて会う〔兼〕
10月23日	賀茂別雷神社に書状を出す〔賀〕
10月24日	安土にて信長に丹後・丹波平定を報告〔記〕

＊各項目の典拠は〔　〕内にあらわした。略称は次のとおり。
大：『大雲山誌稿』、妙：『正法山妙心禅寺米銭納下帳』、光：『明智光秀　史料で読む戦国史』、記：『信長記』、兼：『兼見卿記』、信：『増訂織田信長文書の研究』、吉：『吉川家文書』、多：『多聞院日記』、宇：宇土家譜（『藤孝公譜』）、会：『大会方日記』、宗：『天王寺屋会記』宗及他会記、綿：『綿考輯録』、賀：『賀茂別雷神社文書』

第六章

織田信長殺害事件

織田信長像（長興寺蔵）

信長殺害事件の経緯

本章では、いよいよ「本能寺の変」について考える。しかし、章の表題を「織田信長殺害事件」とした。歴史用語として定着しすぎるほど定着している「本能寺の変」という語句は、それゆえに多くの俗説にまみれ、さまざまな思惑が貼りついてしまっている。とりたててこの歴史用語を変えようと提起するつもりはないのだが、自分のなかで、「本能寺の変」という現象と距離をとってこのできごとを考えたく、あえて即物的に信長殺害事件と呼んでみることにしたまでで、他意はない。まずは、この事件の経緯を見てゆこう。

備中高松にて毛利氏の軍勢と対陣中の羽柴秀吉より、信長に対して援軍の要請があった。明智光秀は、信長より先鋒として向かうよう命じられた。ちょうど光秀は、武田氏を討った祝意をあらわすため安土城に参上していた徳川家康・穴山梅雪《あなやまばいせつ》の饗応役《きょうおうやく》を務めていたが、天正十年(一五八二)五月十七日、この命を受け安土から坂本に戻った。

光秀は、坂本にしばらく滞在して出陣の支度をととのえ、二十六日にいまひとつの居城である丹波亀山へ入った。二十七日、愛宕山《あたご》へ参詣し、ひと晩参籠する。明くる二十八日には、愛宕山西坊・里村紹巴らと連歌に興じた。「ときは今あめが下知る五月《さつき》哉」という発句を詠んだのはこのときである。この発句には、「あめが下なる」とする異本も伝えられている（『信長記』池田家本は、「下しる」と書いてあとから「下なる」に修正している）。そして、その日のうちに亀山へ戻った。

その翌々日にあたる六月一日（天正十年五月は小の月なので二十九日まで）の夜、明智左馬助・同次右衛門・藤田伝五・斎藤内蔵助ら重臣に、信長を討って「天下の主」になることを打ち明けた。亀山を出発した光秀軍は東に進み、摂津と京都に向かう道の分岐点近くの老《おい》の山（坂）にて、京都へ進む経路を選択し、進軍をつづけた。桂川を渡ったとき空も明けかかっていたという。この日は西暦（ユリウス暦）にすると一五八二年六月二十一日にあたり、夏至に近い時期である。

このとき明智軍にいた丹波の武士本城《ほんじょう》惣右衛門《そうえもん》は、自分たちが京都に向かっているのを訝しく感じ、ちょうど京には家康がいるから、家康を討つと思った、と後年回想している。

信長の御座所であった本能寺を取り巻いた明智軍はまたたく間に寺内へ侵入し、本堂や厩《うまや》にいた馬廻衆と戦い、討ち取るべき相手である信長に迫った。『公家山科言経は、本能寺襲撃を卯刻《うのこく》（午前六時頃）のこととする。

＊　＊　＊

秀吉より支援要請を受けた信長は、五月十七日、光秀のほか、細川忠興《ただおき》・池田恒興《つねおき》・髙山重友ら丹波・丹後・摂津の家臣たちに命じ、先陣として向かうよう指示した。その後も安土にて二十日まで家康たちを饗応している。

彼が上洛したのは二十九日のこと。小姓衆《こしょうしゅう》二〇から三〇人ほどを連れただけであった。翌六月一日に宿所の本能寺において公家衆たちの挨拶を受け、茶などを供した。このとき公家勧修寺晴豊《かじゅうじはるとよ》は、四日に京都を発つ予定だと聞いている。賀茂別雷神社では五月末頃、信長社参の意向を伝えられ、饗応のための膳を用意している。京都滞在中、同社に詣でるつもりだったらしい。

二日明け方、寺内が騒がしいため、小姓衆が喧嘩でもしているかと機嫌を悪くしていたところに、鉄砲を撃ちかける音がした。「これは謀叛か、誰の企てか」と問うたところ、森乱（成利《なりとし》、蘭丸）が明智方ですと答えたため、是非に及ばずとして彼らを迎え撃った。はじめは弓にて応戦していたが、弦が切れ、そのあとは鑓《やり》で戦い、肘《ひじ》に鑓傷を受けた。このとき信長は侍女たちに寺から出るよう指示し、殿中奥深くに入って自害した。

＊　＊　＊

信長とともに上洛していた嫡男織田信忠は、父のいた本能寺から六〇〇メートルほど北に位置する妙覚寺を宿所としていた。本能寺の騒ぎを知った信忠は、本能寺に駆けつけ、父と一緒に戦おうとした。

ところが、妙覚寺近くに邸宅があった村井貞勝父子がやって来て、すでに本能寺の御殿は焼け落ち、次にこちらを攻撃してくるでしょうと言ったので、より守りやすい近くの二条御所《にじょうごしょ》へと移ることにした。二条御所はもともと、信長の京都滞在用の屋敷として天正四年に修築されたが、同七年、正親町天皇儲君《ちょくん》の誠仁《さねひと》親王一家に進上されていた。親王一家を禁裏御所へと移し、信忠・貞勝らは二条御所に入る。

ほどなく、光秀軍が二条御所の攻撃を開始した。洛中諸所に分散して宿していた織田家の家臣たちも騒ぎを知って駆けつけ、信忠たちと一緒に奮戦したものの、最終的には自害に追いこまれた。光秀軍がそれぞれを討ち果たし、残党狩りのため家捜しを開始したのが辰刻《たつのこく》（午前八時頃）とされている。

＊　＊　＊

六月一日に信長と対面した公家山科言経は、前述のとおり卯刻に光秀軍が本能寺を襲い、「則（即）時に」信長を討ち取ったという情報を日記に書いている。またおなじく勧修寺晴豊は、就寝前にこの知らせを受け、すぐに誠仁親王がいるはずの二条御所へ駆けつけたところ、すでに明智軍が御所を取り巻いており、入ることができなかった。このため、禁裏へ参上して天皇にこのことを報告した。いっぽう、吉田兼見は「早天」に信長のいる本能寺が燃えているという知らせを受け、門外に出てこれを確認した。

以上、『信長記』、『言経卿記』、『日々記』（勧修寺晴豊の日記）、『兼見卿記』、『賀茂別雷神社文書』、および寛永十七年（一六四〇）に作成された『本城惣右衛門覚書』をもとに、光秀・信長・信忠・公家たち、それぞれの視点からこの事件の流れを述べた。

これらからわかるのは、すでに藤本正行が指摘しているとおり、信長が少ない手勢しかともなっていなかったこともあり、本能寺襲撃はあっさり終わったのではないかということである（『本能寺の変――信長の油断・光秀の殺意』）。そう離れていない場所にいたはずの信忠・貞勝ですら、気づいたときにはすでに本能寺は焼けているところで、手遅れであった。さらに、北に位置する御所周辺に住んでいたと思われる公家衆や、吉田にいた兼見らは、ただ呆然と眺めることしかできなかった。

中国への援軍の主力は、すでに命令を下していた光秀ら先鋒部隊であり、信長・信忠父子はごくかぎられた馬廻衆のみを率いて、あとから加わることにしていたのだろう。光秀がこうした信長の行動を把握していたのかはわからないが、結局それが仇となった。

天正八年・九年の光秀

少し時間をさかのぼらせ、丹波平定後、信長殺害に至るまでの光秀の活動について、ここで簡単に触れておく。といっても、言及すべき重要なことがらは多い。

平定した丹波・丹後の支配について、詳細は鈴木将典の研究に譲るが、たとえば、平定の翌天正八年（一五八〇）初頭、農業生産を再開するにあたり、戦乱によって荒廃した知行地内の荒地を復興するため、普請役を免除する代わり田地開発を命じるなど（信補遺二〇七号）、支配の安定化に努めた。

また、家中法度《かちゆうはつと》・家中軍法の制定も、光秀の信長家臣・領主としての姿勢をみる重要なことがらとして注目されている。ただし、天正九年十二月四日付で出された家中法度（光一一二号）はともかく、同年六月二日付のものが複数残る家中軍法（光一〇七・一〇八号）については、堀新《ほりしん》によって疑わしいとされている（「明智光秀「家中軍法」をめぐって」）。家中軍法には、「すでに瓦礫沈淪《がれきちんりん》の輩を召し出だされ、剰《あまつさ》え莫大なる御人数預け下さるるうえは」といった、信長に仕える以前の立場や、主君信長に対する恩をうかがわせる文章があり、注目されていた。

「近畿管領」の立場として重要な仕事は、大和国における指出《さしだし》の徴収と一国破城《はじよう》だろう。これも天正八年、信長の命令により滝川一益とともに光秀は大和へ派遣され、興福寺以下の有力寺院から所領目録を提出させた。知行高を把握し、それをもとに軍役を賦課するための政策と考えられている。

また、指出徴収に先立ち、国内に散在する城の破却を命じた。大和国衆の軍事拠点を廃することにより、守護筒井順慶のもとに軍事力を集中させるのが目的だったとされている（松尾良隆「天正八年の大和指出と一国破城について」）。光秀は「近畿管領」として、順慶の上位にあって軍事指揮権を有していた（谷口克広『信長軍の司令官』）。

天正九年には、第三・四章でも述べた馬揃えの奉行を務めた。このなかで光秀は、全体としては信長分国内の家臣たちを召集する仕事に携わり、みずからは大和・上山城衆を率いて参加した（『信長記』）。

遊軍としての畿内方面軍司令官、もしくは丹波を支配する領主としては、秀吉の対毛利氏戦、因幡《いなば》鳥取城攻めを支援するため、天正九年八月に出陣している。光秀は藤孝とともに船に兵粮を積んで輸送する役を任された（『信長記』・光補遺四号）。こうした遊軍的役割の延長線上に、天正十年における武田氏攻めや、先に触れた備中高松城攻めの支援がある。これらは丹波攻略中から光秀に課されていた役割でもあった。

第四章で紹介した【書状7】に関わって紹介した、天正十年正月七日の茶会において「上様の御自筆の御書」を掛けたような行動をみるかぎり、信長を敬いこそすれ、謀叛を起こし殺害するような兆候はまったく確認できない。

信長殺害の動機

それでは、六月二日までの五ヶ月のあいだに、いったい何があったのか。

信長殺害事件をめぐっては、これまでおびただしい説がさまざまな立場の人によって論じられている。それら諸説を谷口克広は労作『検証 本能寺の変』のなかでまとめている。詳細は谷口のまとめに負うとして、ごく大づかみに代表的な考え方を紹介すると、次の三つがあるだろう。怨恨《えんこん》説、野望説、黒幕説である。

怨恨説は、光秀が信長に恨みを抱くようなできごとが起きて殺意を生じさせ、それが原因となったとする考え方。野望説は、光秀が信長に代わって「天下」を取りたいと考え、信長を討ったという考え方。黒幕説は、光秀の背後に彼を動かした（あるいは彼と協力した）人物を想定し、光秀に殺害させたという考え方である。

最近では、呉座《ござ》勇一がいまの三つの説をことごとく否定している（『陰謀の日本中世史』）。それぞれの説が成り立たない根拠については、呉座の著書にあたっていただくとして、たしかに納得させられる点は多い（とりわけ黒幕説については）。ただ、それらの説を成り立たせるための根拠となっていた史料の性格について、もう少し検討することにより、否定された説にもあらたな光をあてられるのではないかとも思っている。

では、筆者はどのように考えるか。結論から先に述べておこう。

最近とくに注目されるようになってきた、信長の四国政策転換（長宗我部《ちょうそかべ》氏の処遇）の問題や、美濃稲葉《いなば》氏と光秀との間に起きた斎藤利三・那波《なは》直治の召抱えに関する確執といった、天正十年になってから起きた光秀の活動に深く関わることがらについて、信長とのあいだに生じた思惑のすれちがいを根底に、それが原因となったらしい信長による光秀の殴打、さらに秀吉支援のための出陣命令による家康饗応役の突然の変更が直接のきっかけとなり、面目をつぶされた光秀が信長を討った、というものである。

そう書くと、「なんだ怨恨説の蒸し返しか」とがっかりされるかもしれない。たしかに怨恨説であげられた原因が、主君殺害へと光秀を直接的に動かしたという意味ではそうである。しかし、その背景となったふたつの問題は、最近でも有力な原因として指摘されるようになっており、また本書でここまで見てきた光秀の活動を踏まえて、あらためて考えた結果、この結論に至った。そこで以下、右のように考えた筋道を述べたい。

長宗我部氏の問題

土佐《とさ》の大名長宗我部元親《もとちか》に対する信長の対応が殺害の一因となった可能性があることは、すでに高柳光壽が指摘しているのだが、近年この経緯を詳細に知ることができる『石谷家《いしがい》文書』が紹介されたことにより、俄然注目を集めるに至った。

それまで元親は、「元親手柄次第に切取り候え」という信長の承認を得て、四国の制圧を進めてきた（『元親記』）。元親が信長と関係をとりむすぶ媒介となったのが、光秀である。光秀重臣斎藤利三の実兄は、室町幕府の奉公衆であった石谷家の娘を妻として養子に入った。石谷頼辰《よりとき》である。この頼辰妻の姉妹が元親の妻であり、頼辰の娘は元親嫡男信親の妻であった（桐野作人『だれが信長を殺したのか』）。利三、そしてその主君である光秀が元親と信長とのあいだの取次となったのである。

天正六年に元親の子弥三郎が信長から「信」の一字をあたえられるにあたり、重要な役割を果たしたのが光秀であり、利三であった。十月二十六日付で信長は弥三郎に諱を授け、信親と名乗らせた（信五七三号、浅利尚民・内池英樹編『石谷家文書　将軍側近のみた戦国乱世』一八号）。

こうした元親と信長との関係に亀裂が入るのが天正八年頃とされている。平井上総によれば、信長がらみで阿波《あわ》や伊予《いよ》にて元親の支配を阻害する動きがみられるようになっているという（『長宗我部元親・盛親』・「光秀謀叛の契機は長宗我部氏にあったのか？」）。平井は、天正十年に入って両者の決裂が決定的となったと述べる。信長は三好康長を阿波に派遣するとともに、三男信孝を康長の養子とし、五月七日、讃岐《さぬき》を信孝に、阿波を康長に任せるとともに、残る伊与・土佐は信長自身が淡路《あわじ》に出馬したさいに決めるという朱印状を信孝に出した(信一〇五二号)。これは四国政策の重大な方針転換である。

『元親記』には、信長はこれまでの約束を反故にして、伊与・讃岐を返上し、阿波南半分と土佐のみあたえると元親に通達したものの、元親がこれを拒否したため、石谷頼辰を説得の使者として派遣したが、なお納得しなかったとある。

それまで信長と良好な関係を保っていた元親にとって、四国がどうなるかわからないような状況が五月になって発生したことは、信長の約束違反と映ったであろう。『石谷家文書』中に、五月二十一日付で元親が利三に宛てた文書がある(一九号)。内容から天正十年のものと推測される。冒頭「我ら身上の儀、始終御肝煎《きもい》り」とあって、元親の処遇について利三が奔走していたことをうかがわせるとともに、右の『元親記』記事がある程度、正しいことを裏づけている。

この書状で元親は、信長の朱印状に応じ、阿波・讃岐を返上するが、本国土佐防衛のため、阿波の海部《かいふ》・大西両城のみは自領として残してほしいと懇願している。このなかで元親は「多年粉骨を抽んじ、毛頭造意《ぞうい》なきところ、不慮に成し下し候わん事、了簡に及ばず候」と、何ら「造意」を企てていないのに二ヶ国返上を命ぜられる理不尽さを強く訴えている。

ここにもあるように、元親は信長に敵対するような積極的行動をとっていない。〝天下静謐〟を揺るがす勢力ではないのである。信長が四国に兵を送ることに対する名分が薄弱になっている。しかも、光秀がこれまで長宗我部氏とのあいだで働いてきた苦労を無にするような方針転換であった。光秀は面目をつぶされたといってもいいだろう。

平井は、この文書により「対四国外交での存在感を維持するために、光秀が変の直前まで元親と信長の衝突を避けようとしていたことが明らかになった」とする。第五章でみたように、〝天下静謐〟のために丹波を苦労して平定した光秀にとって、こうした方向での働きは、自己の利益（長宗我部氏との縁）を除いても当然のふるまいだろう。

信義に悖《もと》る信長によるこの方針転換に対して、光秀は疑問をもち、幻滅をおぼえることになったのではあるまいか。

斎藤利三・那波直治の召抱え

次に、もともと稲葉氏に仕えていた斎藤利三と那波直治を光秀が召し抱えたことにより、美濃の有力家臣稲葉貞通《さだみち》から抗議があり、信長の判断により直治が稲葉家に戻されたという問題を取りあげる。

この説を事件の有力な原因として指摘したのは桐野作人である。江戸時代後期頃成立したと考えられる豊後臼杵藩《ぶんごうすき》稲葉家の家史『稲葉家譜』四（東京大学史料編纂所架蔵謄写本）に引用されている二通の文書を根拠に、上記の説を指摘した（『だれが信長を殺したのか』・「家臣団統制の矛盾こそが変の要因だった!?」）。成立時期こそあたらしいが、『稲葉家譜』は家伝文書を引用して叙述を進める体裁の史書として、ある程度信頼性がある。

わたしもこの事件、この文書は重要だと考えるので、詳しく検討してみたい。桐野の解釈と多少異なる点もあるので、『稲葉家譜』所収の二通を引用し、現代語訳を付す。

【A】（図6-1）

今度那波与三《よそう》方の儀、上意をもって御返しなされ候。しからば堪忍《かんにん》分として、重ねて御扶助の由に候。然るべき御次いでの間申し上げ候処、尤もの由御諚候。御意得《こころえ》のため申し入れ候。はたまた久しく申し承らず候。御参の砌《みぎり》御尋ね本望たるべく候。かたがた面上の時を期し候。恐々謹言。

〈このたびの那波与三のことについて、上様のご命令であなたに返すことになりました。それにより客分扱いでふたたびあなたが召し抱えることになったとの由。よいついでがあったので、このことを上様に報告したところ、もっともであるとの仰せでした。それをあなたにお知らせするためこの書状を出しました。（以下略）〉

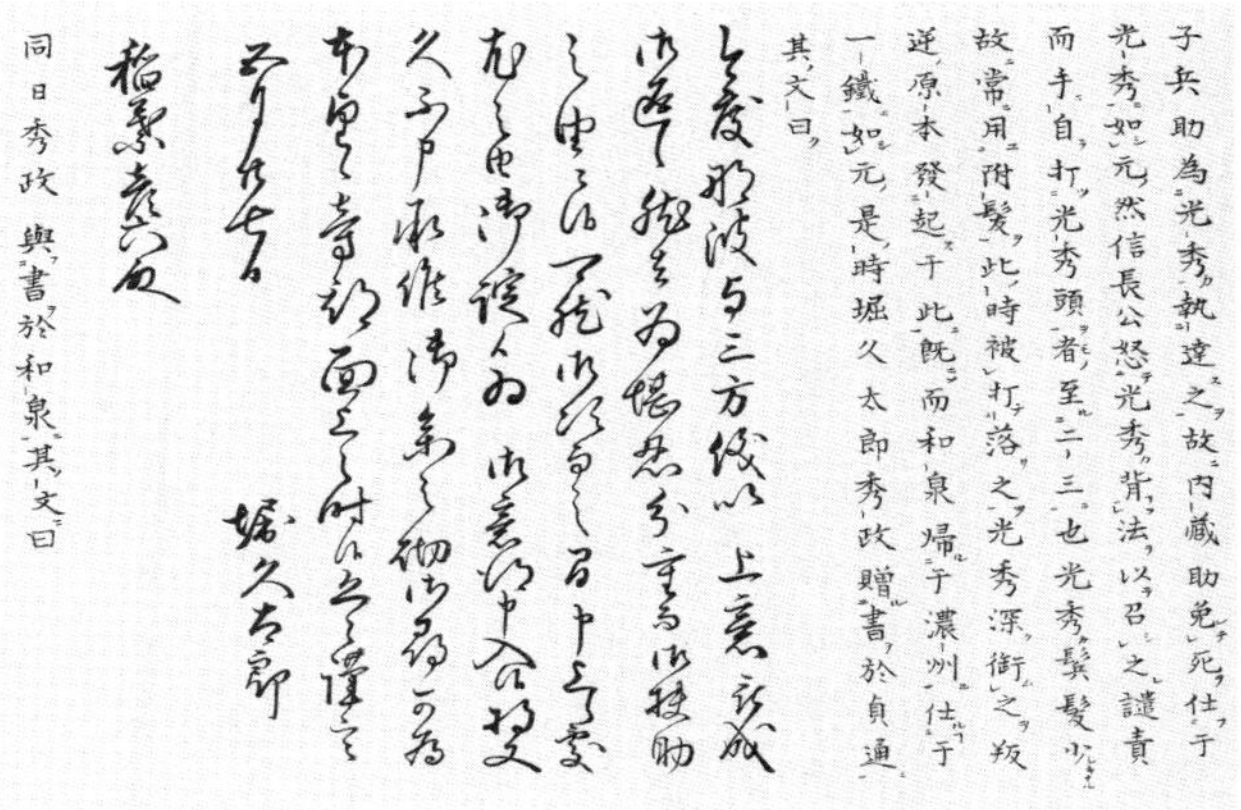
子兵助為光秀執達之故内蔵助免死仕于
光秀如元然信長公怒光秀背法以召之譴責
而手自打光秀頭者至二三也光秀鬢髮少
故常用附髮此時被打落之光秀深銜之叛
逆原本発起于此既而和泉帰于濃州仕于
一鐵如元是時堀久太郎秀政贈書於貞通
其文曰

同日秀政与書於和泉其文曰

図6-1　（天正10年〔1582〕）5月27日付稲葉貞通宛堀秀政書状（「稲葉家譜」4より、東京大学史料編纂所所蔵謄写本）

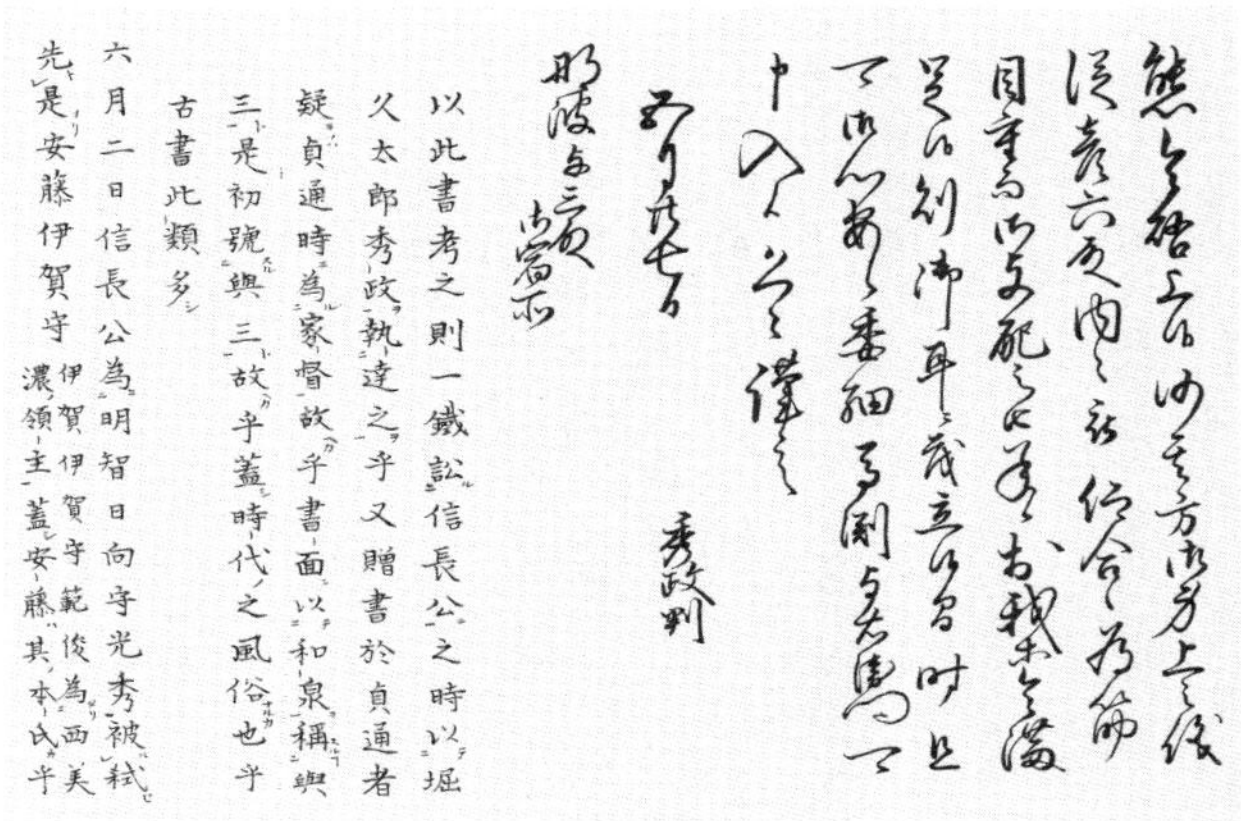
以此書考之則一鐵訟信長公之時以堀
久太郎秀政執達之乎又贈書於貞通者
疑貞通時為家督故乎書面以和泉稱與
三是初號與三故乎蓋時代之風俗也乎
古書此類多
六月二日信長公為明智日向守光秀被弑
先是安藤伊賀守伊賀伊賀守範俊為西美濃領主蓋安藤其本氏乎

図6-2　（天正10年〔1582〕）5月27日付那波直治宛堀秀政書状（「稲葉家譜」4より、東京大学史料編纂所所蔵謄写本）

五月廿七日　　　　　　堀久太郎
稲葉彦六殿

【B】（図6-2）

わざと啓上せしめ候。よってその方御身上の儀、彦六殿より内々仰せ合わせられ候筋目として、重ねて御支配の由承り候。我等において満足せしめ候。すなわち御耳にも立ち候間、時宜《じぎ》御心安かるべく候。委細馬淵《まぶち》与右衛門尉申し入るべく候。恐々謹言。

〈とくに申し上げます。あなたの処遇について、稲葉殿より内々ご相談があった大筋のとおり、ふたたび稲葉殿が召し抱えることになったという結論を承りました。わたしどもとしても満足しております。このことはすぐに上様のお耳にも入りましたので、上様のことはご安心ください。（以下略）〉

五月廿七日　　　　　秀政判
那波与三殿　御宿所

A・Bいずれも天正十年と推測されるもので（すなわち信長殺害四日前の日付）、発給者は信長馬廻として、信長の意志を他者に伝える仕事が多かった堀秀政である。Aが稲葉貞通宛、Bが那波直治宛である。ここからわかるのは、信長の判断で那波直治が「返され」、貞通がふたたび彼を召し抱えることになったこと、稲葉・那波両者と信長とのあいだを堀秀政が仲介していることである。

なお『稲葉家譜』や次に述べる後世の史料では、稲葉家の人間を貞通の父良通《よしみち》（一鉄）とするが、右の文書にある彦六の通称は当時貞通が名乗っているので、貞通と考えた。

稲葉家との確執を語る史料

右のできごとをおぎなうものに『稲葉家譜』の地の文があり、桐野はそれをもとに説明しているが、これに触れたより早い史料として、谷口克広があげた寛文《かんぶん》十年（一六七〇）成立『本朝通鑑《ほんちょうつがん》続編』があり、ほかに延宝《えんぽう》八年（一六八〇）頃成立の『武辺咄聞書《ぶへんばなしききがき》』、また両者とさほど成立時期が変わらないと思われる細川家の宇土家譜（『忠興公譜』）がある。

『本朝通鑑』は、江戸幕府の儒者林鵞峰《がほう》らが編んだ漢文体の通史である。そこには、天正十年三月に武田氏を討った信長の信濃滞在中のできごとが、「伝称」として次のように記されている。「信長信濃に留滞の間、明智光秀・稲葉一鉄事を論ず。信長一鉄言う所をもって利有りとなす。光秀屈せず。信長怒りて光秀を召し、その髪を摑み、その頭を膝下《しっか》に伏せ、手にてこれを打つ。やや久しくしてこれを放ち遣わす（光秀叛心ここに萌《きざ》す）」。

『武辺咄聞書』は、近江の浪人国枝清軒《せいけん》が編んだ武士たちの武功集である。高柳光壽はこの史料を、「内容はこの種のもの（「個々の歴史事実、個人の善行美事等を集めた」「古今著聞集の類」）としては良質である」と評価している（「近世初期に於ける史学の展開」）。わたしもかつて、慶長《けいちょう》五年（一六〇〇）に出羽《でわ》であった長谷堂《はせどう》合戦を検討したとき、この史料を取りあげ、上杉氏の立場で記された記録として注目できることを論じた（「「北の関ヶ原合戦」をめぐる史料について」）。そこには、この問題について次のようにある。

その後稲葉伊予家人那波和泉《いずみ》・斎藤内蔵介を日向高知《こうち》にて抱える。伊与方より断り申せども返さず。その段信長聞き給い、明智を召し、早々伊予方へ返すべしとの怒りなれども、請けざるにつき、信長せいて日向をとらえ、両の鬢《びん》をつかみ、敷居の上へあて、折檻の時、爪先日向が月代《さかやき》に入り血流る。日向申し上ぐるは、三十万石の大禄を下され候えども、身の欲に仕らず、よき兵を抱え候は、偏《ひとえ》に御奉公の為なりと申し上ぐる。その時信長おのれの脇指をさしたらば成敗致すべけれども、丸腰なれば命を助くると仰す。日向もやみ〳〵退出せしなり。

宇土家譜には、次のようにある。

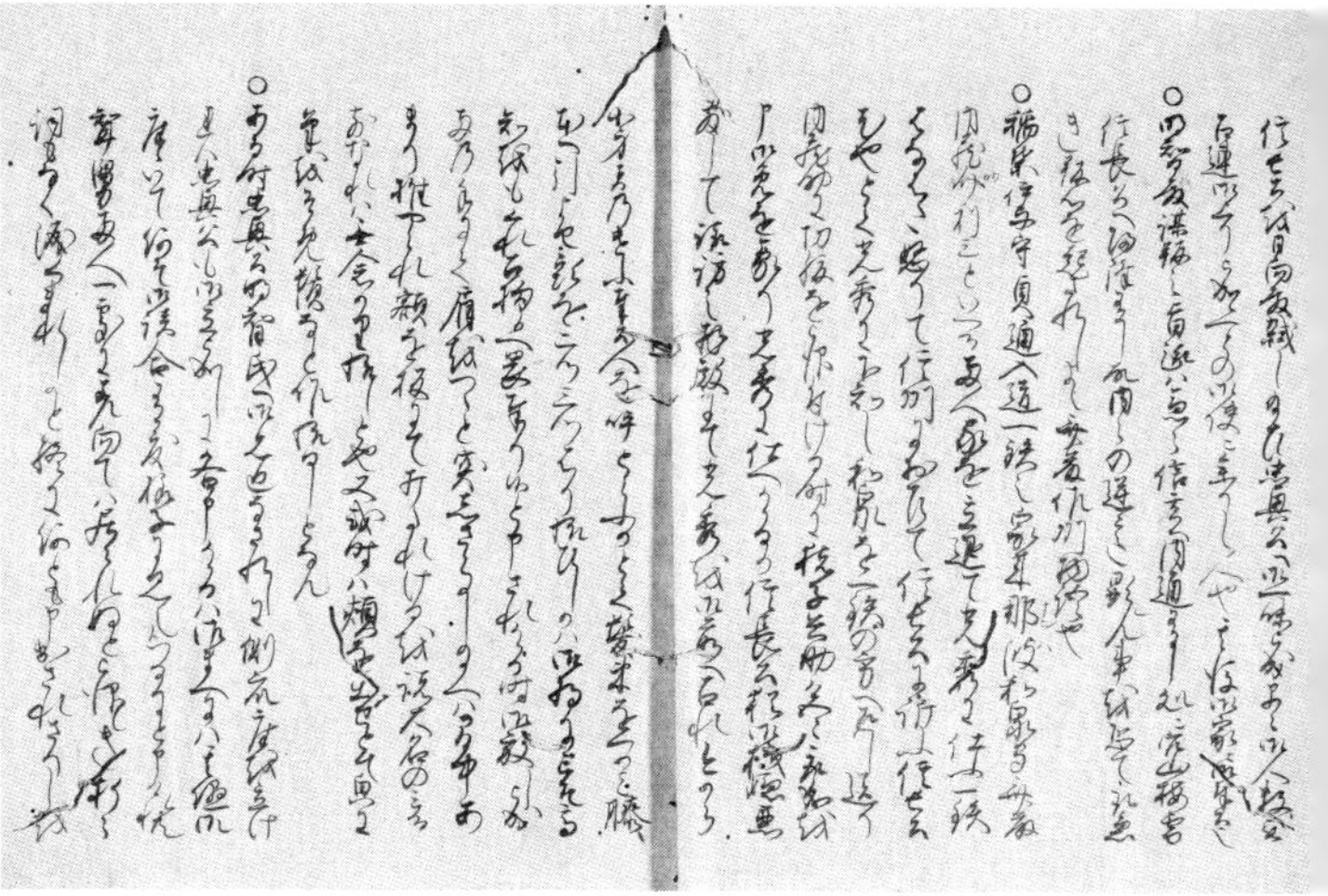

図6-3　『忠興公譜』一（熊本県立美術館蔵）

稲葉伊与守貞通入道一鉄の家来那波《ナンハ》和泉守・斎藤内蔵助利三といえる両人、家を立ち退きて光秀に仕う。一鉄甚だ怒りて、信州において信長公に訴う。信長公尤なりとて、光秀に下知し、和泉を一鉄の方へ返し送り、内蔵助に切腹を仰せ付けられける。時に猪子兵助《いのこへいすけ》色々取り成しを申し、御免を蒙り、光秀に仕えけるが、信長公なお御機嫌悪《あ》しくして、諏訪の拝殿にて光秀を御前に召され、今から小身者《しょうしんもの》の遣う奉公人を呼びとろうかとて、髪束をつかみ、膝本へ引きよせ、頭を二つ三つはり給いしかば、御為にこそ高知をもくれ召し抱え候え、畏《おそ》れ奉り候と申されける時、御放しなされ、両の手にて肩をつっと突、退《しざ》りし給えば、間中《まなか》あまり推しやられ、額《ひたい》を板にて打たれけるを、諸大名の見る前なれば、無念がり給いしとや。またある時は頬を出せとて、皃《かお》に筆をそめ、鬚《ひげ》など作り給いしとなん。

この三つの史料には、諍いのなりゆきとして、信長が光秀を殴打したことが登場する。これは後述したい。先にあげた二通の文書に光秀はまったく登場しないが、『武辺咄聞書』と宇土家譜によれば、直治は光秀によって稲葉家から引き抜かれ、それを貞通が抗議した結果、貞通に返されたという。いっぽう利三には切腹を言い渡されたけれども、信長馬廻の猪子高就《たかなり》の取りなしによって助命されたとある。利三が切腹を命ぜられた理由は、直治引き抜きの張本だったからではないかと桐野は推測している。

二通の文書の文面だけではいきさつがはっきりしなかったが、これら後世の史料により、その背景をおぎなうことができる。『武辺咄聞書』も宇土家譜も稲葉家とは直接関係ないだろうから、ここで具体名をあげ事件を述べている点で、ある程度の客観性がうかがわれる。信長が信濃（諏訪）にいた三月下旬頃、この問題が信長の耳に入って判断が下され、殴打があったのかもしれない。その後、直治の帰参が決したのが五月であったことになる。

桐野は、この事件で問題なのは、信長による家臣団統制の矛盾であると指摘する。有力家臣同士の紛争にあたり、信長が双方を納得させる裁定が下せなかったのは、体系的な分国法をもたずに彼の上意がすべてを優先する政治のあり方に問題があったからで、そうした土壌が結果的に光秀の実力行使を生み出したのではないかというのである。

『武辺咄聞書』や宇土家譜における光秀の弁明は、みずからの（拡大した）所領支配のためには、抗議を受けるのを覚悟のうえで他家の臣を「高知」で召し抱えなければ立ちゆかないということであった。これもまた、ある意味、家臣団統制の問題につながるのだろう。

信長による光秀殴打

さて、いまあげた三つの史料すべてが、稲葉家との家臣の帰属をめぐる話し合いのなかで、信長が光秀を殴打したという流れを述べている。それは武田攻めの出陣中、信濃においてのできごとであるとされる。

殴打については、怨恨説の中核となる事象であり、あまりに劇的な話であるため、俗説として受けとめられてきたきらいがある。ただいっぽうで、イエズス会宣教師ルイス・フロイスが、信長殺害から約一〇年後に執筆した著書『日本史』のなかで殴打に触れているため、「あったのかもしれない」という程度には考えられているように思われる。

フロイスは、五月に安土にやって来る家康の饗応をめぐる相談のなかで起きた事件として、「信長はある密室において明智と語っていたが、元来、逆上しやすく、自らの命令に対して反対（意見）を言われることに堪えられない性質であったので、人々が語るところによれば、彼の好みに合わぬ要件で、明智が言葉を返すと、信長は立ち上がり、怒りをこめ、一度か二度、明智を足蹴《あしげ》にしたということである」と記す（『日本史』第五六章）。

稲葉家との確執とは関係なく、信長による光秀殴打を記した史料はほかにもある。早いものでは、慶長十二年頃までには成立していたとされる『祖父物語』である。尾張清須《きよす》朝日村の柿屋喜左衛門が、祖父の見聞談を書きとめた聞書とされ、別に『朝日物語』とも称される。高柳は「よいところがないわけではないが、いい加減なところが多い本」と評価を下している（『明智光秀』）。

そこでは、信濃諏訪のある寺に本陣を据えていたとき、光秀が「このようなめでたいことはない。自分たちも年来骨折ったおかげで、諏訪郡がすべて手に入った」と発言したところ、信長の機嫌が急変し、「おまえはどこで骨折ったというのか」と激怒、「懸造《かけづく》リノ欄干ニ明智カ頭ヲ押附《おしつけ》テ扣《たた》キ給フ」という事態に立ち至った。

殴打は、光秀の発言がきっかけとなったというわけである。もっともこの光秀の発言は、『信長記』に見える佐久間信盛の発言（元亀四年における浅井攻めの直後）と同工異曲であるため、どうも信用しかねる。

　早い時期に成立した史料としていまひとつ、江戸時代初期に成ったとされる『川角《かわすみ》太閤記』がある。そこには「其後信濃の上《かみ》の諏訪にての御折檻」が光秀謀叛の原因となったとある。しかしなぜ、どのように「折檻」されたのかまでは書かれていない。

『日本史』にせよ、『武辺咄聞書』・宇土家譜にせよ、殴打に至った直接の原因がまったく同一というわけではなく（しかも殴打のやり方も微妙に異なる）、どれが真相なのかはわからない。ただ、比較的早い時期に書かれた、性格の異なる史料複数にこうした話が採録されていることを考えると、そのような事件があったと考えてもいいように思うのである。

　しかも宇土家譜によれば、それは諸大名のいる前でのできごとだったとあるから、それを信じるとするなら、光秀の恥辱は耐えがたいものがあったのではあるまいか。満座のなかで叱責されたり罵倒されたりしたために心が傷つき、それがいたましい結果をもたらしたという報道を最近目にするたび、わたしは光秀を頭に浮かべてしまう。

　これはまったく参考にならないが、思い出したので書いておく。明治になってから作られた三世河竹新七《かわたけしんしち》作の歌舞伎狂言「籠釣瓶花街酔醒《かごつるべさとのえいざめ》」のことである。上州の豪農佐野次郎左衛門が、入れあげた吉原《よしわら》の花魁《おいらん》八ッ橋から満座のなかで愛想尽かしをされ、それを恨みに思って妖刀村正《むらまさ》で彼女を斬殺するという筋だ（江戸時代に起きた実話をもとにしているとのこと)。満座で恥をかかされたことが殺人につながる。この話が現代でも人気狂言のひとつとして上演されているのは、次郎左衛門の境遇に哀れみを感じさせ、かつ人間が奥深くにもっている情動をうまく描けているからだと思われるのである。

家康の饗応

武田攻めの祝意を述べるため、徳川家康と穴山梅雪が安土に参上し、彼らを歓待するための饗応役に光秀が指名された。『信長記』には五月十五日から十七日までの三日間とある。この情報を得た吉田兼見が、「在庄の儀《ざいしょう》」を命ぜられたと書いていることから、光秀は武田攻め後、休暇(在庄)を命ぜられていたのに、結局、饗応役を命ぜられたことを兼見が気の毒に思ったと解釈されていた(高柳光壽『明智光秀』)。

しかし、『兼見卿記』に出てくる「在庄」ということばは、滞在のための賄料《まかないりょう》・接待のような意味を指し、休暇の意味はないことを以前明らかにした(拙稿「明智光秀の接待」)。したがって、矢継ぎ早の光秀への職務命令が、信長の光秀に対する信頼のあらわれでこそあれ、主君殺害の動機にはなりえない。だが、饗応役を解かれ、秀吉支援のため西国出陣を命ぜられたことに、光秀の不満があったのではないかと考える余地は残されている。

成立の早い史料でいえば、『祖父物語』のなかにある。そこには、光秀が饗応役を仰せつかったので、珍物を揃えて準備していたところ、急に信長から出陣を命ぜられたため、饗応役は別人に変更された。そのとき、光秀は「諏訪より以来御目見《おめみ》え宜《よろ》しからず。今度御馳走の儀も他人に仰せ付けらる。外聞《がいぶん》も然《しか》らずと腹立ちに存じ詰め」、用意していた物を安土城下の橋の下に廃棄したという。

『武辺咄聞書』になると、光秀が饗宴のため用意した魚が腐っていたのを信長が叱責し、膳などを踏み割ったとある。しかし、だからといって饗応役を解かれたわけではなく、光秀はあらためて魚鳥を揃え直したという。そこに今度は西国出陣命令があったので、光秀は「大《おお》いに恨み、大分《だいぶん》の支度用意させ、費を尽させ、またぞろや西国立ちとは、成されたきままの成されようなり」と、この「恨み」が謀叛につながったとする。ここで光秀は用意した物を廃棄していない。ちなみに宇土家譜では、贅を尽くして準備していたにもかかわらず、西国出陣を命ぜられたため、立腹して湖に饗膳器具などを捨てたとある。

このように、せっかく準備したものが無駄になったのを怒って、それらを廃棄したという、ある種、発作的で大人げないふるまいが、一般的に考えられている光秀の人柄にふさわしくないからか、この饗応役をめぐるできごとは、殴打事件以上に俗説扱いされてきた。

ただ、ここまで見てきたように、三月から五月にかけ、光秀の面目を失わせるできごとが立てつづけに起きた。長宗我部元親の処遇しかり、那波直治の稲葉家への帰参と利三への切腹命令しかり、あるいはそれによって惹き起こされたかもしれない面前での殴打しかり。そこにきて饗応役の急な変更は、『祖父物語』にあるように「諏訪より以来御目見え宜しからず」「外聞も然らず」という、短期間に急激に鬱積しつつあった不安、そして不満の爆発をもたらしたかもしれず、まったくの虚構と切り捨てないほうがいいように思われるのである。

なぜ光秀は主君を殺害したのか

以上、わたしなりに光秀が主君信長を殺害するに至った動機について考えてみた。

いわゆる四国問題にせよ、那波直治・斎藤利三の帰属をめぐる問題にせよ、信頼しうる史料を読み解いた先学によって近年、指摘された内容である。いっぽうで殴打や饗応役の話は、いままでまともに受けとめられてこなかった俗説であり、いまさらこれをきっかけと考えることは愚の骨頂のように思われてしまうかもしれない。

長宗我部氏の処遇をめぐる信長の方針変更に対して、光秀が抱いたかもしれない落胆は、彼の丹波での経験があるからこそ生じうるのではないかと、丹波攻めの過程をみてゆくなかで感じ、やはりこの問題が原因のひとつになったのではないかと考えた。

くわえて稲葉家との問題などが、天正十年五月までのきわめて短い期間に発生し、それゆえに光秀のなかに、それまでまったく考えもしなかったような叛意が急激に生じ、かつ大きくなった。これらはあまりに短い期間に急激に積み重なったため、その叛意を冷静になって拭《ぬぐ》い去ることができないでいた状態のなかで、大軍を率いる光秀の目の前に、隙を見せた信長がいた。一つひとつのできごとだけでは謀叛の原因・きっかけにはならない。結果論的なこじつけかもしれないが、これらが短期間につづけざまに起きたことが、この事件の核心であった。

ここでは、俗説の根拠とされた史料であっても、それを語る史料の成立時期に注意して検討した点は、これまでの類書ではなかったかもしれない。

これらは、江戸時代初期の比較的早い時期に成立したものもあるが、『武辺咄聞書』や宇土家譜は事件から約一〇〇年を隔てて記録されたものであるから、その意味では信頼性はかならずしも高くない。それらの話に共通の原話があるのか、何か別々の情報源によっているのかで信頼性もちがってこようが、何ともこれはわからない。あくまで現時点でのわたしの見解ということで受け取っていただきたい。

信長家臣光秀が、なぜ主君を殺害したのかという点に関心をもっていたので、本章の課題はここでほとんど論じ終えた。どのように殺害したのか、なぜそれが成功したのかという点については本章冒頭で簡単に追いかけている。以下では、本書において光秀をめぐるさまざまなことを検討し、史料を見てきたなかで、信長殺害事件に関連してあらたな問題提起をおこなえそうなことがらをいくつか述べてゆきたい。

光秀は謀叛の理由をどう説明したのか

『兼見卿記』(天正十年分は別本《べつぽん》・正本《しようほん》の二種あるが前者に拠る)によると、光秀は六月二日に信長を討ったあと、三日に近江に入り、安土に一時、在城した。これに対して朝廷(主導したのは誠仁親王)は、吉田兼見を勅使として派遣し、京都の治安維持を要請しようとした。兼見がえらばれたのは、これまでの光秀との親密さもあるだろうが、信長への勅使としての経験もあると思われる。

元亀四年(一五七三)四月、信長と足利義昭との対立のなかで、上京が焼討ちされようとしていた直前、兼見は天皇から命ぜられ、信長に対する勅使として派遣された(『兼見卿記』元亀四年四月二日条)。このときも、光秀や藤孝との縁からえらばれたのかもしれないが、勅使の命を受ける前日、信長のもとに赴き、洛中に火をかけることに対する諮問を受けたということも考慮にあったのかもしれない。

天正三年九月、越前を平定したときにも、勅使ではないものの、勅使勧修寺晴豊から同行を求められ、一緒に越前に下向し、信長と対面している(同天正三年八月十七日条、実は九月十七日の記事）。武家との親密さが買われたのだろうか。

さて、兼見は七日に近江に入り、安土城に登城して朝廷からの要請を伝えた。兼見個人としても「大房の鞦《しりがい》」を贈った。親しい間柄であったので、勅命の伝達以外にもいろいろと話が出たのだろう。日記に「今度謀叛の存分雑談《ぞうだん》なり」とある。今回の謀叛をめぐる光秀の考えについて雑談したというのだ。

谷口克広はこの記事について、「雑談の内容が記されていないのが残念である」と述べる（『検証 本能寺の変』）。わたしもまったく同感であった。ここで兼見が光秀から聞いたことを書き記していれば、後世この事件の謎について議論が巻き起こるようなことはなかっただろうからだ。

しかし、ここまで光秀の活動を検討し、事件の原因について私見をまとめたうえで考え直すと、「雑談」とひと言で片づける程度の、たいした動機ではなかったのかもしれないという気持ちにもなっている。

六月九日付で盟友細川藤孝・忠興父子に宛てた有名な覚書《おぼえがき》がある（光一二一号、図6-4）。この三ヶ条の箇条書のなかで光秀は、藤孝父子が元結《もとゆい》を払って信長に対する弔意を示したことについて、一時は立腹したもののいまは納得しており、しかし、こうなった以上は協力してほしいと述べている。また、協力してくれたら摂津や但馬・若狭を差し上げたいと

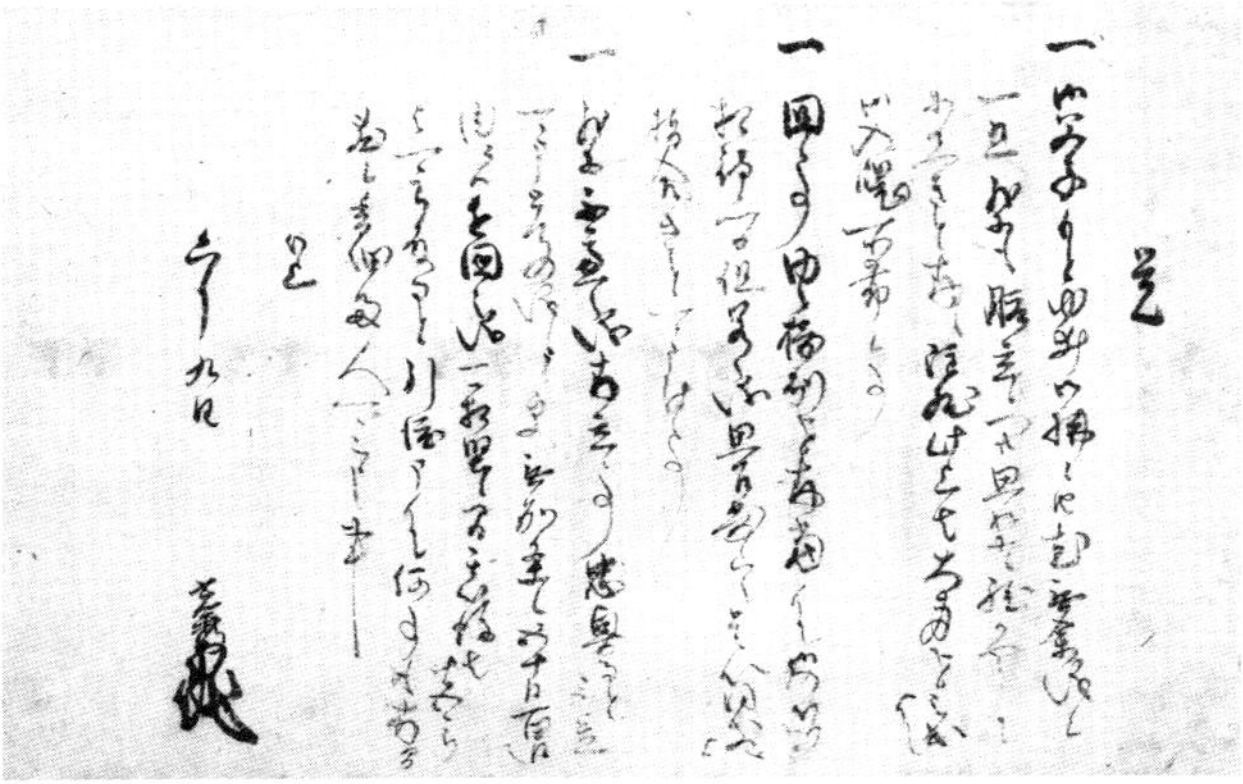

図6-4 （天正10年〔1582〕） 6月9日付細川藤孝・忠興宛惟任光秀覚書（永青文庫蔵）

書いている。

さらに、「今回「不慮の儀」を企てたが、これは忠興を取り立てたいと考えただけで他意はない。五〇日か一〇〇日の内に近国は平定されるだろうから、そのあとはわが子息十五郎を忠興に引き渡そうと思っているほかは何も考えていない」と締めくくる。

これまで右のくだりは、あくまで表面的なもので、光秀の真意ではないとされてきた。しかし、五月に突然生じたいっときの激情によって、このような「不慮の儀」をしでかしてしまっただけで、本当にこの程度のことしか考えていなかったような気がしてならない。そもそも「見る心地」になるようなわかりやすい書状を書く光秀なのに、盟友藤孝を説得する大事な文書がこれだとしたら、あまりに弱々しく、お粗末すぎる（大事なことは使者に申し含めたのかもしれないが）。

事件当日、光秀が美濃野口城の西尾光教《みつのり》に対し、協力を要請した書状の写しが伝えられている（光一一五号）。このなかで光秀は、「父子悪逆天下の妨げ討ち果たし候」と、信長父子を討ち果たした理由を書いている。本章で原因として述べてきたことがらは、光秀にとって「悪逆」であり、それが「天下の妨げ」になるから討った。光秀の信長への叛意を文章で説明しようとすると、この程度のことばでしか表現できなかったように思われてならない。

信長の死に方

『信長記』によれば、信長は肘に鑓傷を受けたあと、侍女たちを逃がし、御殿に火をかけ、死骸を見つけられないようにと考えて殿中奥深く入って内から納戸《なんど》を立て、切腹したとある。侍女たちが直前まで従っており、その様子を見とどけたと、『信長記』にはめずらしく取材源まで書かれてある。

信長の死に方は、これ以降、編まれた史書・記録でもさまざまに書かれている。しかし『信長記』以上に、この様子を記すもっとも信頼しうる史料はないと思われるから、それ以外は尾鰭《おひれ》のようなものと考えざるをえない。そのなかで、細川家の宇土家譜（『忠興公譜』）には、いままで知られている史料にはない「死に方」が書かれているので紹介したい。これも尾鰭のひとつに過ぎないけれども、そこには次のようにある。

御最後の時は、常の二帖ほどあつき畳を山形なりにたてかけ、その下へはいり、さいと云う女房手燭《てしょく》に火をとぼし持たるを、こちへをこせとて、取りて火をつけ、焼け死に給うとや。その後御首を求めけれども、更に見えざりしと也。斎藤内蔵助焦げたる御着衣を取出し見せけれども、光秀なお疑い晴れやらず。

畳二帖を山形に立て、そのなかにもぐって火をつけ、焼死したという。そのときに「さい」という女房が持っていた手燭を用いたというのも興味深い。

光秀の年齢

最後にもうひとつ、宇土家譜に見える記事の話を紹介したい。光秀の年齢については、これまで『明智軍記』を典拠として、死没時、五五歳だったとされていた。光秀が詠んだ辞世に「五十五年夢」とあるのが根拠である。

谷口克広は『検証 本能寺の変』のなかで五七歳説もあることを紹介するいっぽうで、

近世初期に成立し、比較的信頼がおける史料とされている『当代記』のなかに六七歳とあることから、こちらを信用すべきではないかと提起している。『当代記』では、六月十三日に没した記事として、「同十三日に相果て、跡方なくなる（時に明知歳六十七）」と、享年を割書（上記引用文の括弧内）に記している。

宇土家譜には、信長と光秀の干支をめぐる奇譚を書きとめている。没する一年前、すなわち天正九年の六月、信長は妙な夢を見た。秘蔵の花鴾毛《はなときげ》の馬の腹を鼠が食い破るという夢であった。ふだんは夢見など気にしない信長であったが、このときは少し不安になり、たまたま朝廷の陰陽師《おんみようじ》土御門《つちみかど》氏が来ていたのでこれを尋ねたところ、陰陽師は、「よくわからないけれども、子《ね》年の人に注意したほうがよろしいでしょう」と答えたという。果たして、信長は午《うま》年であり、光秀は子年であったとつけ加えている。

信長は天文三年（一五三四）甲午《きのえうま》の生まれである。ここにあるように光秀が子年生まれだとすれば、一番近いのは、六歳年長の享禄《きようろく》元年（一五二八）戊子《つちのえね》か、六歳年少の天文九年庚子《かのえね》となる。没年でいうと五五歳か四三歳。『明智軍記』が念頭にあるゆえか、これまで光秀が信長より年少という説はあまり見られない。かりに年少だとすれば、信長に仕えた頃は三〇歳そこそこといった頃合いになる（その意味では、年少説も検討に値するのかもしれない）。それはともかく、さらにひとまわり年長を考えると、永正《えいしよう》十三年（一五一六）丙子《ひのえね》で六七歳となり、『明智軍記』にせよ『当代記』にせよ、子年生まれというのは不思議に一致する。

史料の信頼性という点から考えれば、谷口の指摘する六七歳説が有力だろう。そうなると多少腑に落ちるのは、第三章にて吉田家との関係について述べたとき感じた違和感である。そこでは、光秀はもともと兼見の父吉田兼右と親交があったことを述べた。実は兼右は、永正十三年生まれなのだ。光秀六七歳説を採ると、まったくのおない年ということになる。

もちろん、当時の身分社会において、年齢差と親密度にどの程度の相関関係があったのかはわからない。ただ、どこの馬の骨ともわからないひとまわり年齢が下の幕臣と、朝廷でも畏敬される碩学との交友がいかなるきっかけではじまったのか、そのときは不思議に感じていたのであった。

信長家臣としての明智光秀の活動自体は、本書でここまで見てきたとおりであるのだが、年齢をどう考えるかによって、主君信長との関係を含めて、その風景ががらりとちがって見えてくるというのは、考えてみれば不思議であり、これだから歴史は面白いということになるのかもしれない。

おわりに

明智光秀については、「はじめに」で述べたとおり、高柳光壽以来多くのすぐれた評伝が書かれ、また「本能寺の変」をめぐってもさまざまな研究がなされている。これからもそのような著書・研究が絶えないだろう。

わたしは、光秀の主君信長についてはいくらか研究をおこない、関連の著書や論文があるので、その観点で光秀にもなじみがないわけではなかった。しかし、光秀の活動や「本能寺の変」について真正面から考えたことはなかったのである。信長を研究することすら半分腰が引けているのに、光秀なんてとんでもない、というのが正直なところであった。

だが、信長のことを研究していると、光秀についても何らかの発言を求められるということも出てくるわけで、公開講座や講演にて光秀の話をするうち、自分なりの光秀像が徐々にではあるが、できつつはあった。そのなか、光秀についての著書執筆の依頼を受けた。

とはいえ、右に述べたように、すでにすぐれた評伝が出ていることもあり、また自分自身の能力もあって、信長家臣としての光秀を主題とすることでご了解いただいた。さいわい『新修亀岡市史』や『明智光秀　史料で読む戦国史』により発給文書・関連文書が活字化され、わたしのような者でも関係史料に身近に接することができるようになったのはありがたかった。

執筆するにあたっては、自分自身が光秀の活動について疑問に思っていたことを解明するという姿勢で臨むことにした。そのため、信長・義昭に両属していたことや、ふたりに関わる五ヶ条の条書の問題など、あまりそれまで深く疑問に思われてこなかったようなことを突きつめて考えることができたように思う。

また、天正三年からの時期における光秀の活動については、思いきってほとんど丹波攻略のみに焦点を合わせて追いかけたことにより、これまでの丹波攻略をめぐる叙述よりも細かに段階を追うことができたと思うし、なぜ光秀が丹波を任されたのかという、これまたあまり誰も問題にしなかったようなことを考えることもできた。

また、あれほど丹波攻略に苦労したからこそ、長宗我部氏に対する信長の方針変更に矛盾を感じたのではないかとも考えるようになり、信長殺害の原因についても、これまで以上に踏みこんで、自分なりの結論を出す決心がついた。

ただ、逆にそのような姿勢で臨んだために、家族や家臣団のような光秀について取りあげるべき基本的なことがらや、光秀を語るうえで言及すべき史料などについて、触れることができなかった憾《うら》みも残る。ひとつのできごとについて、多くの先行研究が言及しているにもかかわらず、掲げたのは限定されたもののみになっているかもしれない。そうした不満、非礼については、ここであらためてお詫び申し上げる。

今後、光秀に関心を持つ方々が、彼の人物像を考えるために、本書がどの程度、寄与できるかはわからない。少なくとも言えるのは、東京大学史料編纂所において『大日本史料』第十編の編纂を担当する者として、今回、明智光秀のことを調べ、自分の文章で彼の活動を綴ることができたのは、今後のための大きな財産になったということである。

数々の先行研究とその執筆者の皆さま、公開講座や講演にお誘いいただいた担当者の皆さま、また執筆の機会をあたえてくださった版元に感謝を申し上げたい。

二〇一九年八月二十三日

金子　拓

主要参考文献

光秀関係史料集・評伝・編集本

藤田達生・福島克彦編『明智光秀 史料で読む戦国史』(八木書店、二〇一五年)
小和田哲男『明智光秀と本能寺の変』(PHP文庫、二〇一四年、初刊一九九八年)
桑田忠親『明智光秀』(講談社文庫、一九八三年、初刊一九七三年)
柴 裕之『図説 明智光秀』(戎光祥出版、二〇一九年)
高柳光壽『明智光秀』(人物叢書1 吉川弘文館、一九五八年)
谷口研語『明智光秀 浪人出身の外様大名の実像』(洋泉社歴史新書y46、二〇一四年)
二木謙一編『明智光秀のすべて』(新人物往来社、一九九四年)
歴史読本編集部編『ここまでわかった! 本能寺の変』(新人物文庫、二〇一二年)
歴史読本編集部編『ここまでわかった! 明智光秀の謎』(新人物文庫、二〇一四年)
洋泉社編集部編『ここまでわかった 本能寺の変と明智光秀』(洋泉社新書、二〇一六年)
東京大学史料編纂所編纂『大日本史料』第十編・第十一編

書籍・論文

浅利尚民・内池英樹編『石谷家文書――将軍側近のみた戦国乱世』(吉川弘文館、二〇一五年)

天野忠幸『三好一族と織田信長――「天下」をめぐる覇権戦争』（中世武士選書31　戎光祥出版、二〇一六年）
池上裕子『織田信長』（人物叢書272　吉川弘文館、二〇一二年）
井上智勝『吉田神道の四百年――神と葵の近世史』（講談社選書メチエ542　二〇一三年）
今谷　明『言継卿記――公家社会と町衆文化の接点』（そしえて、一九八〇年）
今谷　明『守護領国支配機構の研究』（法政大学出版局、一九八六年）
今谷明監修・阿波郷土会編『永源師檀紀年録並付録――正伝永源院蔵本』（阿波郷土会　二〇〇一年）
遠藤珠紀・金子拓「『兼見卿記』自元亀元年至四年記紙背文書」（『東京大学史料編纂所研究成果報告二〇一一―三　目録学の構築と古典学の再生　最終年度研究成果報告書』研究代表者田島公、二〇一二年）
大津市役所『新修大津市史』2中世（大津市、一九七九年）
大津市役所『新修大津市史』3近世前期（大津市、一九八〇年）
岡田正人編著『織田信長総合事典』（雄山閣、一九八九年）
奥野高広『足利義昭』（人物叢書55　吉川弘文館、一九六〇年）
奥野高広編『増訂 織田信長文書の研究』（吉川弘文館、一九八八年）
金子　拓「明智光秀の接待」（東京大学史料編纂所編『日本史の森をゆく――史料が語るとっておきの42話』中公新書2299、二〇一四年）
金子　拓『織田信長〈天下人〉の実像』（講談社現代新書2278、二〇一四年）
金子　拓「天正年間興福寺別当の日記について――『尋憲記』と『東北院兼深記』」（『東京大学史料編纂所研究成果報告二〇一六―三　室町後期・織豊期古記録の史料学的研究による政治・制度史再構築の

試み』研究代表者遠藤珠紀、二〇一六年）
金子　拓「「北の関ヶ原合戦」をめぐる史料について」（井上泰至編『関ヶ原はいかに語られたか――いくさをめぐる記憶と言説』アジア遊学二一二　勉誠出版、二〇一七年）
金子　拓『戦国おもてなし時代――信長・秀吉の接待術』（淡交社、二〇一七年）
金子　拓「織田信長にとっての長篠の戦い」（金子拓編『長篠合戦の史料学――いくさの記憶』勉誠出版、二〇一八年）
蕪木宏幸「足利義昭の研究序説――義昭の花押を中心に」（『書状研究』一六、二〇〇三年）
亀岡市史編さん委員会編『新修亀岡市史』資料編第二巻（亀岡市、二〇〇二年）
亀岡市史編さん委員会編『新修亀岡市史』本文編第二巻（亀岡市、二〇〇四年）
加悦町史編纂委員会編『加悦町史概要版　古墳公園とちりめん街道』（加悦町、二〇〇四年）
河内将芳『宿所の変遷からみる信長と京都』（淡交社、二〇一八年）
菊池真一編『武辺咄聞書――京都大学附属図書館蔵』（和泉古典文庫5　和泉書院、一九九〇年）
木下昌規『戦国期足利将軍家の権力構造』（岩田書院、二〇一四年）
木村三四吾ほか「業余稿叢十五　本城惣右衛門覚書」（『ビブリア』五七、一九七四年）
京丹後市史編さん委員会編『図説京丹後市の歴史――日本の「ものづくりのふるさと」京丹後市　京丹後市史本文編』（京丹後市、二〇一二年）
京都市編『史料京都の歴史』8左京区（平凡社、一九八五年）
桐野作人『だれが信長を殺したのか――本能寺の変・新たな視点』（PHP新書452、二〇〇七年）
桐野作人「家臣団統制の矛盾こそが変の要因だった!?――再検証光秀折檻事件」（前掲『ここまでわかっ

た本能寺の変と明智光秀』所収）
功刀俊宏・柴裕之編『丹羽長秀文書集』（戦国史研究会史料集4　戦国史研究会、二〇一六年）
久野雅司編『足利義昭』（シリーズ室町幕府の研究2　戎光祥出版、二〇一五年）
久野雅司『足利義昭と織田信長――傀儡政権の虚像』（中世武士選書40　戎光祥出版、二〇一七年）
熊本大学文学部附属永青文庫研究センター編『細川家文書』中世編（吉川弘文館、二〇一〇年）
黒嶋敏「「光源院殿御代当参衆幷足軽以下衆覚」を読む――足利義昭の政権構想」（『東京大学史料編纂所研究紀要』一四、二〇〇四年）
小久保嘉紀「明智光秀の書札礼」（前掲『明智光秀 史料で読む戦国史』所収）
呉座勇一『陰謀の日本中世史』（角川新書196　KADOKAWA、二〇一八年）
佐藤進一・百瀬今朝雄編『中世法制史料集』第五巻・武家家法Ⅲ（岩波書店、二〇〇一年）
柴　裕之「織田・上杉開戦への過程と展開」（『戦国史研究』七五、二〇一八年）
柴裕之編「滝川一益受発給文書集成」（群馬県立歴史博物館編『第九五回企画展　織田信長と上野国』図録、二〇一八年）
市立長浜城歴史博物館編『北国街道と脇往還――街道が生んだ風景と文化』（市立長浜城歴史博物館、二〇〇四年）
白石市教育委員会編『伊達氏重臣遠藤家文書・中島家文書　戦国編』（白石市歴史文化を活用した地域活性化実行委員会、二〇一一年）
鈴木将典「明智光秀の領国支配」（前掲『織田権力の領域支配』所収）
染谷光廣「織田政権と足利義昭の奉公衆・奉行衆との関係について」（藤木久志編『織田政権の研究』戦

国大名論集17　吉川弘文館、一九八五年、初出一九八〇年）
反町茂雄編『弘文荘敬愛書図録』（弘文荘、一九八二年）
高柳光壽「近世初期に於ける史学の展開」（『高柳光壽史学論文集（下）』吉川弘文館、一九七〇年、初出一九三九年）
立花京子『信長権力と朝廷 第二版』（岩田書院、二〇〇二年、初版二〇〇〇年）
谷口克広『織田信長合戦全録――桶狭間から本能寺まで』（中公新書1625、二〇〇二年）
谷口克広『信長軍の司令官――部将たちの出世競争』（中公新書1782、二〇〇五年）
谷口克広『検証 本能寺の変』（歴史文化ライブラリー232　吉川弘文館、二〇〇七年）
谷口克広『織田信長家臣人名辞典 第2版』（吉川弘文館、二〇一〇年）
谷口克広『信長と将軍義昭――連携から追放、包囲網へ』（中公新書2278、二〇一四年）
土田將雄「細川幽斎の文学事蹟 補訂」（同著『続細川幽斎の研究』笠間書院、一九九四年）
土田將雄「細川藤孝と明智光秀――『明智軍記』考」（同右書所収）
永田恭教「光秀をめぐる知られざる女性たちとは?」（前掲『ここまでわかった 本能寺の変と明智光秀』所収）
中脇　聖「明智光秀の「名字授与」と家格秩序に関する小論」（日本史史料研究会編『日本史のまめまめしい知識』第三巻、岩田書院、二〇一八年）
名古屋市博物館編『豊臣秀吉文書集』一（吉川弘文館、二〇一五年）
仁木　宏「明智光秀の亀山築城と丹波国衆」（『新修亀岡市史編さんだより』一〇、二〇〇一年）
日本文学地名大辞典刊行会編『日本文学地名大辞典』（遊子館、二〇〇三年）

野澤隆一「細川昭元考」(『栃木史学』二、一九八八年)
長谷川弘道「明智光秀の近江・丹波経略」(前掲『明智光秀のすべて』所収)
馬部隆弘『戦国期細川権力の研究』(吉川弘文館、二〇一八年)
早島大祐「明智光秀の居所と行動」(藤井譲治編『織豊期主要人物居所集成』思文閣出版、二〇一一年)
早島大祐「再起の契機となった「寺社訴訟」の記録とは?——新史料から見る光秀の実像」(前掲『ここまでわかった本能寺の変と明智光秀』所収)
早島大祐「「戒和上昔今禄」と織田政権の寺社訴訟制度」(『史窓』七四、二〇一七年)
林屋辰三郎ほか編『京の道——歴史と民衆』(創元社、一九七四年)
平井上総「織田政権と盟約」(酒井紀美編『契約・誓約・盟約』生活と文化の歴史学6 竹林舎、二〇一五年)
平井上総『長宗我部元親・盛親——四国一篇に切随へ、恣に威勢を振ふ』(ミネルヴァ書房、二〇一六年)
平井上総「光秀謀叛の契機は長宗我部氏にあったのか?」(『ここまでわかった 本能寺の変と明智光秀』所収)
福島克彦「明智光秀と小畠永明——織田権力における丹波の土豪」(前掲『明智光秀 史料で読む戦国史』所収)
藤田達生「「鞆幕府」論」(『芸備地方史研究』二六八・二六九、二〇一〇年)
藤本正行『本能寺の変——信長の油断・光秀の殺意』(洋泉社歴史新書y9、二〇一〇年)
二木謙一校注『明智軍記』(新人物往来社、一九九五年)
堀 新「明智光秀「家中軍法」をめぐって」(『東京大学史料編纂所研究成果報告二〇一四—七 法令・

人事から見た近世政策決定システムの研究』研究代表者山本博文、二〇一五年)
前田育徳会尊経閣文庫編『前田育徳会尊経閣文庫所蔵武家手鑑　解題・釈文』(臨川書店、一九七八年)
松尾良隆「天正八年の大和指出と一国破城について」(藤木久志編『織田政権の研究』戦国大名論集12
吉川弘文館、一九八五年、初出一九八三年)
松田毅一・川崎桃太訳(ルイス・フロイス)『日本史』(中央公論社、一九七七～八〇年)
松田毅一監訳『十六・七世紀イエズス会日本報告集』第Ⅲ期第六巻(同朋社、一九九一年)
松本直子「仕事と家族。その他は全く無頓着な人でした」(『みうらじゅんの松本清張ファンブック　清張
地獄八景』文藝春秋、二〇一九年、初出一九九二年)
水野　嶺「足利義昭の栄典・諸免許の授与」(『国史学』二一一、二〇一三年)
水野　嶺「幕府儀礼にみる織田信長」(『日本史研究』六七六　二〇一八年)
宮津市史編さん委員会編『宮津市史』史料編第一巻(宮津市、一九九六年)
宮津市史編さん委員会編『宮津市史』通史編上巻(宮津市、二〇〇二年)
村井祐樹「東京大学史料編纂所所蔵『中務大輔家久公御上京日記』」(『東京大学史料編纂所研究紀要』一六、
二〇〇六年)
村井祐樹「幻の信長上洛作戦」(『古文書研究』七八、二〇一四年)
森谷尅久編『町と道――洛中・京の辻』京都千年　五(講談社、一九八四年)
八木町史編さん事業事務局・南丹市教育委員会社会教育課編『八木町史編さん事業歴史資料調査報告書第
3集　摩気神社蔵小畠文書調査報告書』(南丹市教育委員会、二〇一〇年)
八木町史編集委員会編『図説 丹波八木の歴史』第二巻 古代・中世編(八木町、二〇一三年)

大和文華館編『第二回雙柏文庫展――室町・桃山の書蹟』（大和文華館、一九七五年）
吉村豊雄「幕藩制成立期における大名の権力編成と知行制（一）」（『熊本大学文学部論叢』四一、一九九三年）
和田裕弘『織田信長の家臣団――派閥と人間関係』（中公新書2421、二〇一七年）
渡辺　保『新版歌舞伎手帖』（講談社、二〇〇一年）
渡辺世祐「足利義昭と織田信長との関係に就いての研究」（前掲『足利義昭（シリーズ室町幕府の研究2）』所収、初出一九一一年）

その他、データベース・辞典類

東京大学史料編纂所各種データベース（とくに日本古文書ユニオンカタログデータベース）／ジャパンナレッジ各種データベース（『日本国語大辞典 第二版』『日本歴史地名大系』『国史大辞典』）／『国歌大観』ネットワーク版

＊本書は、東京大学史料編纂所共同利用・共同拠点の特定共同研究「賀茂別雷神社文書の調査・研究」（研究代表者金子）による研究成果の一部である。

【著者】
金子拓（かねこ ひらく）
1967年山形県生まれ。95年、東北大学大学院文学研究科博士課程後期修了。博士（文学）。専門は日本中世史。現在、東京大学史料編纂所准教授。著書に『織田信長という歴史――「信長記」の彼方へ』（勉誠出版）、『織田信長〈天下人〉の実像』（講談社現代新書）、『織田信長権力論』（吉川弘文館）、『織田信長――不器用すぎた天下人』（河出書房新社）、『鳥居強右衛門――語り継がれる武士の魂』（平凡社）、編著に『長篠合戦の史料学――いくさの記憶』（勉誠出版）などがある。

平凡社新書923

信長家臣明智光秀

発行日――2019年10月15日 初版第1刷

著者――金子拓

発行者――下中美都

発行所――株式会社平凡社
東京都千代田区神田神保町3-29 〒101-0051
電話 東京（03）3230-6580［編集］
東京（03）3230-6573［営業］
振替 00180-0-29639

印刷・製本―株式会社東京印書館

装幀――菊地信義

ISBN978-4-582-85923-2
NDC分類番号210.47 新書判（17.2cm） 総ページ234
平凡社ホームページ https://www.heibonsha.co.jp/